아재개그를 부탁해

아재개그를 권함

말놀이가 인간 행복에 끼치는 영향에 대한 고찰

2021년 9월 15일 초판 1쇄 찍음
2021년 10월 1일 초판 1쇄 펴냄

지은이 김철호

펴낸이 정종주
편집주간 박윤선
편집 박소진
마케팅 김창덕

펴낸곳 도서출판 뿌리와이파리
등록 제10-2201호(2001년 8월 21일)
주소 서울시 마포구 월드컵로 128-4 2층
전화 02)324-2142~3
전송 02)324-2150
전자우편 puripari@hanmail.net

디자인 디자인비따 김지선·박서희
본문 일러스트 송동근
종이 화인페이퍼
인쇄 및 제본 영신사
라미네이팅 금성산업

ⓒ 김철호, 2021

값 16,000원
ISBN 978-89-6462-164-6 03710

아재개그를 부탁해

말놀이가 인간 행복에
끼치는 영향에 대한 고찰

김철호 지음

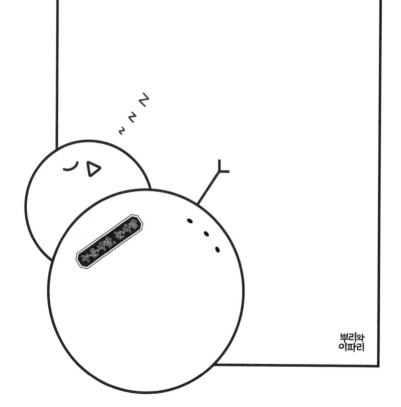

뿌리와
이파리

차례

프롤로그 '잣이오, 갓이오'에 대한 기억   007

제1부 아재개그가 어때서? : 말과 말놀이

'꼰대개그'는 아재개그가 될 수 없다   014
'아재개그'의 빛과 그림자

누구나 '아재'가 될 수 있다   028
말놀이는 본능이다

아재개그는 시공을 관통한다   035
말놀이는 어디나 있다

아재개그가 시시껄렁하다고?   060
말놀이는 중요하다

아재개그를 권장하는 여섯 가지 이유   075
말놀이는 쓸모가 많다

제2부 누나, 눈 와! : 맥락 놀이

지네한테 가장 치명적인 병?   086
맥락이란 무엇인가

벽지의 벽지 가게, 오지게 먼 오지   095
소리로 놀기

어떡하면 서울대를 나올 수 있나요?   131
뜻으로 놀기

형편없다, 다 내 편이다   150
낱말 쪼개기

제3부 **여드름과 고드름 : 소리 즐기기**

◆ **말도 안 되는 소리는 '개소리'** 162
소리에 대하여

◆ **벌 보고 벌벌 떨지 말고 벌을 주세요** 166
소리 즐기기

◆ **설운 날에 선운사에 … 지지지 …** 177
시와 소리

제4부 **저지르고 보는 거야! : '말놀이 고수'로 가는 길**

◆ **현자는 고향에서 대접을 받지 못한다** 192
준비운동

◆ **유치? 그건 유치원생의 걱정!** 199
말놀이 연습

◆ **듣는 이 없어도 아재는 즐겁다** 208
혼자 즐기는 말놀이

◆ **아재개그가 돈 벌어주네** 228
네이밍과 카피

◆ **왜? 아!** 240
말놀이에서 말공부로

에필로그 **즐거움은 절대선이다** 255

'잣이오, 갓이오'에 대한 기억

나는 지금까지 '말'에 관심이 없는 사람을 만난 적이 없다. 이 책을 쓴 이유도 사람들의 언어에 대한 호기심을 충족시키기 위해서다.

하버드대 언어심리학자 스티븐 핑커의 명저 『언어본능』(동녘 사이언스, 2008)의 머리말은 이렇게 시작한다.

나는 이 책의 첫머리를 이렇게 시작하려 한다:

나는 지금까지 '말장난'에 관심이 없는 사람을 만난 적이 없다. 이 책을 쓴 이유도 사람들의 언어유희에 대한 호기심을 충족시키기 위해서다.

이 책은 모든 사람이 하고 있는 것에 관한 이야기이고, 모든 사람이 알고 있는 것에 대한 이야기다. 다들 아는 얘기를 무엇 때문에 하느냐면, 그러니 머리 싸매거나 눈 부릅뜰 것 없이 편안하게 즐겨보자는 것이다.

내가 막 중학생이 됐을 무렵일 것이다. 아버지의 책장에 꽂혀 있던 몇 권 안 되는 책 중에 『한국해학괴담집』을 꺼내 읽다가, 한 대목에서 나도 모르게 키득키득 웃음이 나왔다. 시골 총각이 한양에 올라와 난전을 기웃거리다 잣과 갓을 한데 놓고 파는 장사치 앞에 선다. 그러고는 잣을 가리키며 '이것은 무엇이오?' 하자 장사치가 '잣이오' 한다. 그러자 사내가 대뜸 잣을 한 줌 집어먹는다. 장사치가 화들짝 놀라 '아니, 뭐 하는 짓이오?' 하니, '방금 자시라고 하지 않았소?' 한다. 그러고는 바로 갓을 가리키며 '이건 또 뭐요?' 한다. 장사치가 '갓이오' 하자 사내는 '알았소, 잘 먹고 가오' 하고는 뒤도 안 돌아보고 가버렸다는 것. 이 얘기는 수십 년이 지난 지금까지 내 머릿속을 떠난 적이 없다.

1936년생인 우리 어머니는 국민학교 3학년 중퇴가 학력의 전부지만 유머감각만큼은 누구에게도 뒤지지 않는 분이다. 익산에서 나고 자란 어머니는 남원으로 시집온 지 이태 만에 가장을 따라 상경한 뒤로 지금까지 서울을 지키고 있다. 내 기억에, 어머니 입에서는 '풍신나게 생겼다'느니 '천신도 못한다'느니 하는 전북 지방 특유의 표현들이 일쑤 쏟아져 나왔다. 세숫물은 차갑거나 뜨겁거나 해야 세수할 맛이 난다. 숭늉도 뜨끈하든지 아니면 '숙냉熟冷'이라는 어원대로 차게 식어야 마시기 좋다. 세숫물이 어중되게 식어 세수할 맛이 안 날 때, 또는 숭늉이 뜨뜻미지근해져서 비척지근한 맛이 날 때, 그런 물을 두고 어머니는 '장인 이마빡 씻은 물 같다'고 했다.

어머니가 끼친 영향인지, 아니면 아버지 책을 훔쳐 읽으며 킬킬거렸던 기억의 강렬함 때문인지, 흔히 '아재개그'라 부르는 말장난은 늘 내 삶에 껌딱지처럼 붙어 다녔다. 노래와 음악과 바둑이 그랬듯이, 아재개그는 언제나 내 삶의 일부였다.

말놀이는 나의 삶을 관통해온 중요한 요소다. 편집자로, 번역자로, 저자로 글밥을 먹고 살아온 20년 동안에는 일 자체가 말을 다루는 것이었으니 더 말할 나위도 없거니와, 이후 '알렉스'라는 이름으로 여행 가이드 일을 하며 산 10년 동안에도 말놀이는 나를 떠난 적이 없었다. 나에게 말놀이는 일상이다. 과거에도 그러했고, 지금도 그러하고, 앞으로도 그러할 것이다.

글 속에는 글쓴이의 생각이 담겨 있다. 그런데 그 글에, 미리 마련해두었던 생각보다도 글을 쓰는 과정에서 새로이 얻게 된 생각들이 더 많이 담기는 일이 있다. 평소에는 설렁설렁 생각하던 것을 책을 쓸 때는 골똘히 생각하게 된다. 허투루 책을 냈다가 책잡히는 수가 있으니까.

이 책이 바로 그러했다. 아재개그? 평생 해오던 거잖아! 만만히 보고 가벼운 마음으로 달려들었던 나는 얼마 안 가 수렁에 빠진 듯한 느낌에 사로잡혔다. 눈 감고도 갈 수 있다고 믿었던 길이 출구 없는 미로처럼 다가왔다. 쥐꼬리인 줄 알고 건드렸는데 공룡의 꼬리를 잘못 건드린 건 아닌가 하는 두려움마저 들었다.

이렇게 어둠 속을 헤매던 나에게 희미한 빛처럼 다가온 것이 있었으니, 십수 년 전에 사 두었던 한두 권의 책이었다. 그 중에서도 유종호 선생의 역저『시란 무엇인가』(민음사, 1995)는 가장 반갑고 고마운 선물이었다. 시가 홀대받는 작금의 현상을 '도처에서 기율이 사라지고 뛰어난 것에 대한 경의가 사라지는' 세태와 연결지으면서 '맑고 높은 것이 여러 가지 이름으로 홀대되고, 안이하고 속된 것이 숭상되고 있는' 현상을 질타하는 선생의 맑고 높은 정신이 시적 무게감을 지닌 문장들과 한데 버무려진 드문 명저임을 새삼 절감했다. 나의 책 중 특히 '시와 소리' 부분은 이 저서의 관련 내용을 요약한 것이라 할 정도로 기댄 바가 크다.

서두에서 잠시 언급했던 스티븐 핑커의『언어본능』(2008)도 '말놀이는 본능이다' 부분에서 여러 차례 인용했다. 언어가 인간의 본능이고, 은유를 포함한 말놀이가 언어의 본질적 속성의 하나라면, 말놀이 역시 인간의 본능이라는 나의 논지는 이 책에 담긴 핑커의 주장을 발판 삼은 것이다.

이 책에 대한 구상이 전혀 없었을 때 사 두었던 책들이 이 책을 쓰는 데 중요한 거름이 된 것을 보면서, 한편으로 말과 말놀이에 관한 나의 관심이 오래전부터 시작되었음을 새삼 깨달았다. 그간 몇 차례 이사를 할 때마다 자의적인 살생부에 속절없이 희생된 책들이 부지기수였는데도 그 틈에 꿋꿋이 살아남은 것들임을 생각할 때 더욱 그러하다. 그런 면에서 이 책은 내 삶의 한 면모에 대한 기록이기도 하다. 그리고 말놀이를 지나 말공부에 이르는 과정까지 이야기하고 있다는 점에서 보면 전작 『언 다르고 어 다르다』의 후속편이라고도 할 수 있겠다.

본문 중에는 그동안 재미나다 싶은 것이 눈에 띄거나 말놀이가 될 만한 재료가 보일 때마다 습관처럼 사진을 찍고 메모를 해 두었던 것들이 다수 실려 있다. 이 책을 쓰기 위해 다시 끄집어내 하나하나 살펴보는 과정에서 거의 모든 것이 기억 속에 또렷이 남아 있음을 확인하면서, 유종호 선생의 말마따나 말놀이가 얼마나 '기억촉진적'인지 새삼 느낄 수 있었던 것도 중요한 소득이다.

'아재개그'를 안 좋은 버릇으로 폄하하는 사람들이 있다. 사실 '아재개그'라는 말부터 중립적이지가 않다. 나는 이 책에서 아재개그가 적극적으로 권장할 만한 가치가 있는 습관임을 보여주려 한다. 가볍게만 보이기 쉬운 말장난의 배후에 숨은 의미와 가치를 들여다봄으로써, 평가절하된 말놀이의 위상을 찾아주자는 것이 내 의도다. 다만 '을'을 불편하게 하는 '권력형 아재재그'만큼은 적극 피해야 할 것인데, 이에 대해서는 뒤에서 상세히 얘기할 것이다.

본문에서 수많은 말놀이를 나름의 기준으로 분류해놓았지만, 사실 말놀이의 유형을 구분한다는 것은 큰 의미가 없다. 한 말놀이가 여러 가지 요소를 같이 구비한 경우가 워낙 많기 때문이다. 말놀이의 수준이 올라갈수록 이러한 특징은 더욱 두드러진다. 그러나 아무런 체계 없이 마구잡이로 늘어놓을 수도 없는 노릇이기에, 주로 언어학적인 기준에 따라 분류를 시도해보았다.

자, 이제 가벼운 마음으로 지천에 널린 '아재개그'들을 주우러 가보자. 어머니가 장에 소 팔러 가다가 자기를 낳아서 이름이 '장소팔'이 됐다고 너스레를 떨던 전설의 만담꾼, 고 장소팔 선생을 추억하면서….

제1부

아재개그가 어때서?

말과 말놀이

'꼰대개그'는 아재개그가 될 수 없다

'아재개그'의 빛과 그림자

'말장난'이냐 '말놀이'냐

본론으로 들어가기 전에 잠시 용어부터 들여다본다.

이 책의 제목에는 국어사전에도 없는 '아재개그'라는 말이 들어 있다. 부제에는 국어사전에 당당히(?) 올라 있는 '말놀이'가 들어 있다. 그리고 앞으로 본문에서는 '말장난'이라는 말도 일쑤 등장하게 될 것이다.

셋 중에서 '말장난'과 '말놀이'가 어떻게 다른지부터 살펴보자. '말'이 공통이니 '장난'과 '놀이'의 차이를 보면 되겠다. 『표준국어대사전』의 풀이를 보자.

장난

1 주로 어린아이들이 재미로 하는 짓, 또는 심심풀이 삼

아 하는 짓.

2 짓궂게 하는 못된 짓.

놀이

1 여러 사람이 모여서 즐겁게 노는 일. 또는 그런 활동.

2 굿, 풍물, 인형극 따위의 우리나라 전통적인 연희를 통틀어 이르는 말.

3 일정한 규칙 또는 방법에 따라 노는 일.

이 설명에 따르자면 '장난'은 대개 유아적이고, 가볍고 임의적이며, 때로 부정적인 함의를 띤다. 이에 비해 '놀이'는 연령대를 가리지 않고, 일정한 질서와 체계를 갖추고 있으며, 대개는 긍정적인 함의를 띤다.

'놀이'는 '장난'에 비해 시간적으로나 공간적으로나 품이 넓은 개념이다. '물장난'과 '물놀이'의 차이에서도 이런 사실을 엿볼 수 있다. 물장난은 '물을 가지고 장난을 하며' 노는 일이고, 물놀이는 '물가나 물속에서 하는 놀이'다. 요컨대 '물놀이'가 '물장난'을 품고 있는 것이다.

'재미난 장난'이라는 말에서 보통 떠올릴 수 있는 것은 어린아이들이 주체가 된 소소하고 개별적인 정황이다. '장난질' '장난기' '장난꾸러기' '장난감' '장난 전화' '장난스럽다' '장난치다' 등등의 관련어들이 모두 이 틀을 벗어나지 않는다.

반면에 '즐거운 놀이'라는 표현에서는 세대와 시대를 초월한 문화적 전통 같은 것을 연상하게 된다. '민속놀이' '마당놀이' '사물놀이' '차전놀이' '윷놀이' '꽃놀이' '단풍놀이' 같은 말들을 보면 이런 점이 더욱 도드라진다.

'장난'과 '놀이'의 차이는 '말장난'과 '말놀이'에 대한 풀이에서도 그대로 드러난다.

말장난

1 말을 주고받으며 즐기는 일.
2 실속이나 내용이 없이 쓸데없는 말을 그럴듯하게 엮어 늘어놓음.

말놀이

말을 주고받으며 즐기는 놀이. 새말 짓기, 끝말잇기, 소리 내기 힘든 말 외우기 따위가 있다.

'말장난'이 어디까지나 일상어로 느껴지는 데 비해 '말놀이'에서는 학문용어의 냄새가 나는 이유를 알 만하다. 즉, '말장난'이 개별 현상을 가리키는 말이라면 '말놀이'는 개별 현상들을 한데 뭉뚱그려 가리키는 말이라고 할 수 있다.

이상과 같은 이유로, 갖가지 언어유희를 망라하고자 했고 명색이 책인 이 책에서는 '말장난'보다 품이 넓고 폼도 나는 '말놀이'를 주된 용어로 삼는다.

표면적 의미는 '말장난'에 가깝지만 실제 아우라는 '말놀이'와 겹치는 느낌인 '언어유희'라는 말도 있다. 하지만 딱딱한 학문용어 냄새가 지나쳐 이 책에서는 쓰지 않기로 한다.

앞으로 이어질 본문에 '말 주무르기'라는 표현도 가끔 나올 것이다. 찰흙놀이의 실체가 찰흙 주무르기인 것처럼, '말놀이'의 실체는 '말 주무르기'다. 찰흙을 주무르듯이 말을 내 마음대로 주무르는 일, 바로 이것이 앞에서 말한 '누구나 하는 것'이자 '누구나 알고 있는 것'이다.

'아재개그'와 '부장님개그'

적어도 내용만을 보자면, '아재개그'는 여러 가지 우스개나 농담 중에서도 특히 말을 갖고 장난을 치는 일, 즉 '말장난'과 거의 같은 말이다. '개그'와 '말장난'이 서로 통한다는 사실은 앞에 '썰렁한'이라는 말을 붙였을 때 둘의 유사성이 한층 짙어진다는 점에서도 확인할 수 있다.

한편, 조금 거리를 두고서 '아재개그'를 바라보면 그 안에 빛과 그림자가 공존하고 있음을 느끼게 된다. 이 말의 밝은 면은 '개그'다. '개그'는 '말놀이'보다는 '말장난'에 가깝다고 했다. 그런데 모든 '장난'에는 '놀이'의 성격이 있다. 즉, 즐거움이 필수로 따른다. '장난'이 '재미'를 좇는 데 머무는 것이라면 '놀이'는 '즐거움'까지 노리는 것이다. 요컨대 개그는 인간이라면 누구나 본능적으로 추구하는 재미와 즐거움을 누리는 수

단의 하나이고, 그런 점에서 삶을 유쾌하고 행복하게 만드는 데 긴요한 요소다.

그런데 '개그'에 '아재'가 붙게 되면 문제가 조금 복잡해진 다. 언어 세계에 검찰이 있다면 '썰렁한 개그'는 처음부터 불 기소 감이거나 설령 기소되더라도 무죄 평결이 마땅할 것이 다. 그런데 '썰렁한 아재개그'가 되면 얘기가 조금 달라져, 유 죄 추정 기소 감이 되기 십상이다. 왜 그런가?

문제는 '아재'에 있다. '개그' 앞에 '아재'를 붙인 주체들은 '아재'가 아니거나 적어도 스스로 '아재'가 아니라고 믿는 사 람들일 것이다. '아재'가 아니라면 '아지매'들이란 말인가? 그럴 리가….

'아재개그'라는 말을 집단창작해낸 이들은 낮추 잡으면 1020, 높게 잡아도 2030을 넘지 않을 것이다. '아재'로 순화, 포장된 원말이 '꼰대'로 추정되기 때문이다.

'꼰대'는 누구인가? 꽉 막힌 기성세대가 다 '꼰대'다. 부모, 교사, 교수, 상사, 상급자, 어르신 등등 중에, 자신만의 경험과 생각이라는 이름의 벽돌로 높고 두터운 성벽을 쌓고는 그 안 에 틀어박혀 저 바깥은 모두 모자라고 그릇되고 틀렸다고 믿 는 사람들. 우월감에 사로잡혀 있기 십상인 이런 사람들이 아들, 딸, 학생, 부하, 하급자, 젊은이들에게 '개그'랍시고 어디 서 주워들은 우스개를 날렸을 때, 그 얘기에 스스럼없이 공 감하고 웃어줄 102030들이 얼마나 될까.

'아재개그' 이후에 생겨난 말이 '부장님개그'다. 이 말은 '아재개그'의 두리뭉실한 느낌을 걷어내고 '꼰대'의 이미지를 콕 집어냄으로써 수직적 위계질서와 사회 분위기에 대한 비판과 풍자의 메시지를 명시적으로 드러낸다. 상사와 부하 직원, 장년과 청년, 고객과 서비스 제공자처럼 권력구조가 작동하고 있는 관계에서 '을'의 처지에 있는 사람은 갑을관계를 더 불편하고 예민하게 인지하기 마련이다. 이들은 어려운 상사, 고객, 어른이 건네는 썰렁한 개그에 억지로 웃거나 마지못해 반응하는 괴로움을 겪을 수밖에 없다. 102030들은 이런 썰렁함에 동반되는 여러 가지 불편함을 차마 표현할 수 없는 처지이거나, 표현했다가는 웃자고 건넨 이야기에 죽자고 덤벼드는 예민한 사람, 예의 없는 사람이 되고 마는 분위기에 눌려 입을 다무는 경우가 적지 않다. 결국 '썰렁한 아재개그'보다 더 큰 문제는 '불편한 아재개그'라는 얘기다.

이런 종류의 불편한 아재개그들을 묶어 '권력형 개그'라 부른다면, 나에게도 또렷하게 남아 있는 기억이 하나 있다. 모 출판사에 주간으로 입사했을 때의 일이다. 출판사의 주간은 일반 회사의 부장급 이상 되는 직책이다. 내가 관장하게 된 부서에 먼저 입사해 있던 직원이 셋이었는데, 하나가 과장이었고 나머지 둘은 대리였다. 입사 첫날 함께 점심을 먹는 자리에서, 아이스 브레이킹도 할 겸 평소 습관대로 아재개그를 던졌다. 과장이 씩 웃으며 뭐라 응대를 했고, 대리 둘의 반응은 별무신통이었다. '쩝, 실패했구나' 하고 범상히 넘겼다. 얼마 뒤 식사를 마치고 나오는데, 뒤에서 과장이 두 대리에게 하는 말이 들렸다. 요컨대, 주간님이 개그를 던졌는데 왜 신통찮은 반응들을 보였느냐는 핀잔이었다. 내가 '그럴 수도 있지 않으냐, 그게 뭐 대수냐'며 두 직원을 옹호했는데도 과장은 사무실에 들어와서까지 핀잔을 멈추지 않았다. 결국 나는 의도와 전혀 상관없이 '권력형 아재개그'의 장본인이 되고 말았다…

일본에는 '오야지 개그親父ギャグ'라는 말이 있다. '아저씨 개그'라 옮길 수 있겠는데, 일본에 정통한 한 지인에 따르면 이 말에 기성세대에 대한 반감 같은 것은 거의 묻어 있지 않다고 한다. 영미권에는 '아빠 개그'로 옮길 수 있는 '대드 조크 Dad jokes'가 있다. 추측하건대, 나이를 불문하고 친구를 먹는 문화가 일반적인 영미권에서 '대드 조크'를 날리는 사람들은 적어도 '불편한 꼰대'는 아닐 것이고, 그 내용도 설사 썰렁할지언정 권력형 개그는 아닐 것이다.

강조하거니와, '아재개그'에서 '아재'는 모든 기성세대가 아니라 '꽉 막힌' 기성세대다. 102030들에게 이런 '꽉 막힘'은 '권위주의'로 다가오기 십상이다. 자신의 나이, 신분, 재산, 지위, 직급, 직책, 경험 따위를 자신의 인격과 동일시하는 사람이라면 굳이 젊은 세대가 아니더라도 누구나 가까이하기 꺼려질 것이다. 이런 사람들이 대화를 주도하고자 하는 욕망에서든 자신의 쪼가리 지식을 자랑하고픈 욕구에서든 '아랫사람'들에게 '아재개그'를 날렸을 때, 듣는 사람에게 다가오는 것은 '개그'가 아니라 '아재', 즉 '꼰대'의 부담스럽고 불편한 존재감일 뿐이다. 이럴 때, '아재개그'의 '썰렁함'은 '개그'가 아니라 '아재'에서 오게 된다.(물론 개그 자체가 썰렁한 경우도 많다. 이럴 때에는 날린 사람이 아무리 젊더라도 '썰렁한 아재개그'라는 평을 듣게 된다고, 우리 딸이 말해준 적이 있다. 즉, 이런 경우에는 '아재개그'가 썰렁한 것이 아니라 얘기가 썰렁해서 '아재재그'가 된 것이다. 안 그랬다면 반대편에 '따끈한 아지매개그' 같은 것이 있었어야 한다.)

102030의 말놀이

뒤에서 많은 예를 보게 되겠지만, 당연히 102030에게도 그들만이 항유하는 말놀이 문화가 있다. 이들은 온라인 공간에서 아주 활발하게 말놀이를 즐겨온 세대다. 힙합 용어인 '라임'은 일상대화 속에서 '재미있는 말놀이'를 발견했을 때의 칭찬으로 쓰이고, '개드립'이라 불리는 여러 가지 밈 역시 말놀이의 일종이다. 하상욱에서 비롯된 'SNS 시 쓰기 열풍'도 내용물의 가치를 떠나 엄연한 102030의 말놀이다. 만화경에서 말놀이를 활용한 웹툰을 연재 중인 60만 팔로워의 일러스트레이터 키크니도 대표적인 102030 말놀이 문화의 하나다.

102030들의 말놀이가 기성세대의 '아재개그'와 가장 크게 다른 점은, 콘텐츠가 주로 온라인상에서 생산·유포·항유된다는 것이다. 요컨대 '대면'과 '비대면'의 차이다. '아재개그'와

'비아재(?) 개그' 사이의 간극은 말놀이 자체에서 온다기보다 말놀이를 둘러싼 환경에서 온다고 할 수 있다. 인터넷 문화의 급속한 발달은 젊은 세대의 삶에서 대인 비접촉 국면의 비중을 한껏 높여놓았고, 아마도 이 점이 이들로 하여금 타인과의 직접적인 접촉 국면에서 당하게(?) 되는 '아재개그'를 어색해하거나 불편해하도록 만든 하나의 원인이기도 했을 것이다.

'부장님'도 사람이다!

이제, 이 책 전체를 통틀어 가장 중요할 수도 있는 얘기를 하려고 한다. 나는 사람들이 아재개그를 던질 때에는 다분히 인간적인 동기가 있다고 믿는 쪽이다. 즉, 대부분의 아재개그 안에는 타인과의 소통을 위한 용기, 따뜻함 같은 것들이 자리잡고 있다는 것이다. 예를 들어, 굳이 그러지 않아도 되는 위치에 있으면서도 부하 직원들과 소통하기 위해 웃긴 글을 찾아 공부하고, (충분히 예상되는) 어색함을 무릅쓰고 먼저 개그를 건네는 부장님도 얼마든지 있을 수 있다는 말이다.

102030의 처지에서 한번 생각을 해보자. 서로 처음 보는 사이라 어색하고 데면데면하기는 나나 매한가지일 텐데, 왜 길 가다 만난 아저씨는 나에게 실없는 농담을 던지는 걸까? 엘리베이터의 숨 막히는 공간에서 마주친 아주머니는 어디서 용기가 나오기에 저렇게 불쑥 우스개를 건네는 걸까?

이 대목에서 102030들에게 진지하게 제안하고 싶다. 한번 마음의 문을 열고 아재개그를 대해보면 어떨까. 좀더 구체적으로 말해, 개그를 던진 사람의 동기에 주목을 해보면 어떨까. 사실 이것은 우스개나 농담뿐 아니라 인간관계에서 일어나는 모든 대화에 적용할 수 있는 방법이다. 먼저 상대를 인간적으로 소통 가능한 대상으로 인정하는 것, 이것이 가장 중요하고, 이어서 상대의 입에서 나온 말의 내용과 함께, 아니 그전에 그런 말을 꺼낸 진정한 의도나 동기가 무엇일까를 생각해보는 것이다. 아재개그를 이런 식으로 대했을 때, 잘하면 '아재개그'를 통해 '아재'들을 이해하게 될 수도 있지 않을까? '썰렁한' 개그를 통해 상사의 인간미를 느끼고 진심으로 호응하게 될 수도 있지 않을까? 이렇게 아재개그에 덧씌웠던 부정적인 이미지를 한 겹 벗겨내고 보았을 때 아재개그의 여러 면모 중에 가장 밝게 빛나는 부분, 즉 '소통을 위한 노력'이라는 미덕을 발견하게 될 수도 있지 않을까?

'썰렁'은 가라!

이 책에서 나는 '개그'를 던지는 '아재'들의 존재적 썰렁함을 배척하려 한다. '꼰대형' 또는 '권력형' 아재개그, 그래서 '어색하고 불편한' 아재개그가 아니라, 건강하고 유쾌하고 인간미 넘치는 아재개그가 나의 이상이다. 이런 미덕을 갖춘 아재개그러면 세대든 뭐든 다 초월해 모든 사람들이 서로 권장하고 함께 즐기는 것이 마땅하지 않겠는가.

이 책은 개그 자체의 썰렁함 또한 적극 배척하려 한다. 당연한 얘기지만, 개그에서 무엇보다 중요한 것은 재미가 있느냐 없느냐다. 아재개그면 어떻고 아지매개그면 어떤가. 누가 무슨 얘기를 풀어놓든 재미만 있으면 되는 것이다(이런 재미를 즐기기 위해 앞서 얘기한 몇 가지 억압기제를 먼저 해소해야 함은 물론이다). 나는 지금까지 살아오면서 재미있는 것 싫다고 하는 사람을 한 번도 본 적이 없다. 오히려 여기저기서 사는 게 재미없다고 난리들이다. 사는 게 재미없어서 목숨을 버리는 사람들마저 있지 않은가.

말놀이의 금도

'아재개그'(또는 '말놀이')를 둘러싼 조건 중에 가장 중요한 것에 대한 얘기를 마쳤으니, 이제 아재개그 안으로 들어와 좀더 세밀한 얘기를 해보자.

인간을 정의하는 여러 표현 중에 '사회적 동물'이라는 것이 있다. 여기서 '사회'란 단순히 '모여 살기'를 넘어 '어울려 살기'를 의미한다고 나는 해석한다. 여럿이 어울려 사는 데 반드시 필요한 것이 사람 사이의 도리, 즉 윤리다. 사람살이에서 본질적으로 중요한 것이 언어행위이고 말놀이는 그 일부이니, 말놀이에도 당연히 윤리가 있어야 한다.

말놀이는 언어의 일탈적 구사다. 그런데 일탈이 과도하면 문제가 생길 수 있다. 언어의 일탈이 지나칠 경우 의미전달을 방해할 수 있다는 내적 요인도 있다. 하지만 더 큰 문제는 듣는 사람을 불편하게 만들 수 있다는 점이다('권력형 아재개그'가 유발하는 불편함에 대해서는 앞에서 충분해 얘기했고, 여기서 말하는 것은 언어 내적인 면에서 생겨나는 불편함이다).

모든 장난은 적당해야 한다. 말장난이 도를 넘으면 '지금 장난하냐?' 하는 반발에 직면하는 수가 있다. 특히 정치적 지향이 밴 말놀이나 사람 이름 갖고 놀기는 때와 자리를 가릴 필요가 있다.

뒤(75쪽)에서 얘기하게 될 '역대 대통령 시리즈'를 재미있는 얘기로 기억하고 있다가 터키 투어 중에 버스 안에서 손님들에게 던진 적이 있다. 그런데 휴게소에 내렸을 때 한 중년남자 손님이 다가오더니, 아까 얘기를 들으면서 기분이 별로 좋지 않았다며, 정치적인 얘기는 조심하라고 타이르는 것이었다. 당시는 이명박 정부 시절이었고, 이분은 군 고위간부 출신이었다. 가이드 멘트에서 정치와 종교는 금기라는 철칙을 어긴 결과였다.

고교 동기 중에 '홍석'이라는 친구가 있다. 이 친구는 비염 때문에 늘 코를 쿵쿵거리는 버릇이 있었고, 그래서 어느 날부터 '쿵석이'로 불리게 되었다. 신체적 특징이나 만성 증상에 착안해 만든 이런 별명은 정말 막역한 사이가 아니라면 입에

담기 조심스러울 수밖에 없다. (이름을 그대로 부르는데도 왠지 마음이 쓰이는 경우가 있기는 하다. 지인 중에 '미숙 씨'가 있는데, 친구들이 '미숙아' 하고 부를 때마다 혹여 마음에 스크래치가 날 수도 있지 않겠는가.)

집단의 이름인 성도 매우 조심스럽게 접근해야 할 대상이다. '겸손한 전씨'는 좋지만 여기에다 '거만한 나씨'까지 붙이면 나씨들이 '이씨' 하는 수가 있지 않겠는가. 아무튼 사람 이름이 놀잇감이라면 상상력을 되도록 긍정적인 쪽으로 발휘하는 것이 두루두루 탈이 없을 것이다. 예를 들면….

숙 시스터즈

원숙한 원숙이

현숙한 현숙이

미숙하지 않은 미숙이

마지막으로 중요한 것 한 가지 더. 말놀이는 토해내는 사람이나 주워듣는 사람이나 서로 즐겁자고 하는 것이다. 그러니 남을 비난하거나 비하하는 공격적인 말놀이는 옳은 말놀이가 될 수 없다. 특히 '호박에 줄 긋는다고 수박 되냐' '걸레는 빨아도 걸레'처럼 성인지감수성 제로인 말놀이들은 금기 중에서도 최상급이 아닐 수 없다.

언어 내적인 면을 얘기한다고 해놓고는 말을 하다 보니 결국 다시 언어 외적인 얘기로 돌아오고 만 듯한데, 어찌 보면 이것은 너무나도 당연한 일이다. 언어라는 것이 어디까지나 인간 삶의 한 국면이고 말놀이 또한 여기서 벗어나지 못하니, 아재개그든 말장난이든 삶을 대하는 우리의 태도와 따로 떼어서 생각할 수는 없는 노릇이다.

누구나 '아재'가 될 수 있다

말놀이는 본능이다

인간과 언어

언어는 인간의 경험 속에 너무나 단단히 얽혀 있어서 언어 없는 생활이란 상상하기조차 어렵다. 지구상 어디서나 두 명 이상만 모이면 곧 말을 주고받기 시작한다. 사람들은 말을 건넬 상대가 없으면 자기 자신에게, 기르는 개에게, 심지어 풀포기에게까지 말을 건다. 사회적 관계에서 승리는 빠른 자가 아니라 말 잘하는 이에게 돌아간다. 청중을 사로잡는 연사, 부드러운 혓바닥을 가진 바람둥이, 완고한 부모의 고집을 꺾고 끝내 자신의 의지를 관철시키고 마는 어린 아이들 말이다.

스티븐 핑커, 『언어본능』에서

『언어본능』에서 스티븐 핑커는 '인간 종의 자연사에서 언어는 언제나 가장 두드러진 특징으로 우뚝 서 있다'고 말한다. 이어서 '언어는 복잡한 마음의 소프트웨어를 필요로 하는 믿기 어려운 성과'라면서 언어가 얼마나 경이로운 현상인지 설명한다.

언어는 자연세계에서 일어나는 가장 경이로운 일의 하나다. 입으로 소리를 만들어내는 것만으로도 우리는 타인의 머릿속에 어떤 생각들의 조합이 떠오르도록 할 수 있다. 이 능력은 너무도 자연스럽게 주어지기 때문에 우리는 그것이 얼마나 놀라운 기적인지를 쉽게 잊어버리는 경향이 있다.

언어는 본능이다

핑커에 따르면, 지금까지 언어가 없는 부족은 발견된 적이 없다. 인간이 사는 곳이면 어디나 복잡한 문법이 펼쳐지는데, 이렇게 모든 인간에게 복잡한 언어가 편재한다는 사실은 언어가 선천적임을 확고하게 입증해주는 증거라고 그는 말한다 (여기서 언어에는 청각장애인들의 수화도 들어간다).

언어는 인간사회에 보편적이며, 우리가 아는 한 우리 종이 생겨나면서부터 계속 존재해 왔다. 비록 언어들 상호간에는 이해가 불가능하지만, 이 피상적인 다양성 밑에는 (…) 단일한 연산 설계도가 놓여 있다.

그의 표현에 따르면, 인간의 언어 능력은 '거미가 거미줄 치는 법을 아는 것처럼' 인간의 본능이다.

언어는 시간 읽는 법이나 연방정부 운영방식을 학습하듯이 학습하는 문화적 인공물이 아니다. 그것은 인간 뇌의 생물학적 구조의 일부다.

이어서 그는 말한다.

언어는 정교하게 설계된 생물학적 본능의 산물이며, 결코 개그 작가들의 노리개가 되어 마땅한 멍청한 물건이 아니다.

핑커의 말을 이 책의 취지에 맞춰 고쳐 쓴다면 아래와 같이 될 것이다.

말놀이는 정교하게 설계된 생물학적 본능의 산물이며, 일부 개그작가들의 전유물을 넘어 모든 사람들의 노리개가 되어 마땅한 뛰어난 물건이다.

스티븐 핑커가 『언어본능』에서 언어가 인간의 선천적 본능임을 증명하기 위해 예로 들고 있는 것들은 대부분 농담, 현학적인 말투, 유머, 말장난이다. 이 책에 소개된 브라운이라는 학자는 촘스키의 보편문법에서 영감을 얻어 '보편민족'이라는 개념을 생각하고 그 특징을 규명하고자 했다. '문서를 통해 확인할 수 있는 모든 인간의 문화적 행동의 기저를 이루는 보편적 유형'을 찾는 작업이었다. 그에 따르면 보편민족이 지닌 수백 가지 공통 특성 중에는 '언어 유머' '유머러스한 모욕' '시적이고 수사적인 구어형식' '비유' '언어 요소가 반복되는 시' 등이 들어 있었다.

말과 마찬가지로 말놀이도 모든 문화권에 편재한다. 영어를 비롯한 서양 언어에도 말놀이의 여러 양상을 가리키는 말들이 있다. 예를 들어 '애너그램anagram'은 철자 순서 바꾸기 놀이다. 옛 로큰롤 스타 'Elvis'의 이름으로 'lives'라는 말을 만드는 식이다. '팰린드롬palindrome'은 'eye'나 'madam'같이 앞뒤가 똑같은 말이다. 한국에도 이런 놀이가 있다. '장부장' '이한이' '소주 만 병만 주소' 같은.

핑커가 인용하고 있는 놈 촘스키의 말도 의미심장하다.

어떤 사람이 내뱉거나 이해하는 모든 문장은 사실상 우주 역사상 최초로 출현하는 완전히 새로운 단어조합이다. 우리 두뇌에는 유한한 단어들의 목록으로부터 무한한 문장을 만들어낼 수 있는 비책이나 프로그램이 담겨 있다.

똑같은 논리가 말놀이에도 적용된다. 뒤에서 '맥락'에 대해 상술할 것인바, 어떤 사람이 내뱉거나 이해하는 모든 말놀이는 우주 역사상 최초로 출현하는 완전히 새로운 맥락조합이다. 우리 두뇌에는 유한한 맥락의 목록으로부터 무한한 맥락을 만들어내는 비책이나 프로그램이 담겨 있다. '언어행동이 동일한 두 사람은 존재하지 않는다'는 핑커의 말도 같은 맥락에서 나온 것이다.

정리해보자. 언어는 인간의 본능이다. 말놀이는 언어의 보편적 속성이다. 따라서 말놀이 역시 인간의 본능이다. 이것을 '말놀이'라는 말 자체를 가지고 설명할 수도 있다. '말'은 사람의 본능이다. '놀이'도 사람의 본능이다. 따라서 '말놀이'는 사람의 본능이다(놀이가 본능이라는 것은, 놀이의 본질이 즐거움인데 이 즐거움은 사람이라면 누구나 좇는 가치라는 믿음에 근거한다).

우리의 경험이 증명해주듯이, '아재개그'는 누구나 할 수 있고 실제로 모든 사람이 하고 있다. 언어가 인간의 본능이라고 할 때, 그 안에는 말놀이 본능도 들어 있다.

언어에는 '낯섦'을 무화하는 힘이 있다. 즉, 언어는 낯설었던 것을 낯설지 않은 것으로 만든다. 뒤집어 말하면, 언어화되지 않은 사물은 낯선 상태를 벗어나지 못한다. 터키나 유럽 투어 때 손님들이 낯선 꽃이나 나무를 보면 '저게 뭐예요?' 하고 묻는다. 그 식물의 이름을 묻는 것이다. 다행히 알고 있는 것이어서 이름을 알려주면, 그것이 아무리 뜻을 알 수 없는 외국어 이름이라도 사람들은 '아~' 하고 고개를 끄덕인다. 마치 그 나무나 꽃에 대해 다 알았다는 듯이…. 언어는 '모르는 것'을 '아는 것'으로 만든다.

언어에는 인간의 경험을 제한하는 힘도 있다. 하이데거가 '언어는 존재의 집'이라 했던 의미가 바로 이것이다. 예를 들어 '해바라기'라는 말은 이 꽃에 관한 경험을 다분히 태양과 관련된 것으로 이끌어가는 경향이 있다. 영어 'sunflower'도 마찬가지다. 그런데 이 꽃을 터키사람들은 '아이치첵'이라고 부른다. '달꽃'이라는 의미다. 터키사람들의 해바라기 경험은 주로 달과 관련되어 있을 개연성이 크다. 터키사람들은 '안개비' '보슬비' '이슬비' '실비' '가랑비' '장대비' '소낙비' '여우비' 같은 것도 경험하지 못한다. 이런 말에 해당하는 언어적 수단을 물려받지 못한 그들의 세계에서는 그저 비가 조금 내리거나 많이 내리거나 할 뿐이다. 일본어에는 한국어의 욕에 견줄 수 있는 표현이 전무하다시피 하다. 따라서 일본인들은 한

국인들에 비해 '욕 나오는' 상황을 경험하는 면에서 근본적인
제약을 안고 있다.

아재개그는 시공을 관통한다

말놀이는 어디나 있다

누구나 말놀이를 한다

밥은 바빠서 못 먹고
죽은 죽을까봐 못 먹고
술은 술술술 잘 들어간다

대학 시절 선배들의 목소리로 들었던 〈각설이 타령〉의 서두다. 정말 비렁뱅이로 사는 각설이가 만든 것인지, 아니면 술 좋아하는 누군가가 각설이를 빌미로 술고픈 생각을 달래려 만든 것인지는 알 수 없다. 이렇게 긴 사설을 가방끈 짧은 각설이가 어떻게 만들었겠냐고, 틀림없이 먹물깨나 먹은 자의 창작이 분명하다고 주장할 수도 있겠다. 그러나 설사 각설이가 학교 문턱도 못 넘어본 무학자라 해서 반드시 가방끈 기다란 먹물쟁이보다 언어감각이 뒤진다거나 말놀이 실력이 떨어진다고 단정할 수는 없다. 앞에서 본 것처럼, 언어에 대한 최신 연구들은 인간의 언어능력이 사람을 가리지 않는 선천적 본능이며 말놀이는 그 본능의 일부라 말하고 있다.

중학교 2학년 무렵이었을 것이다. 일요일 아침에 집 전화기가 요란하게 울려댔다. 국민학교 6학년쯤 되었을 동생이 전화를 받았다. 수화기를 들고 잠시 듣고 있더니, "아뇨, 한국집인데요" 하고는 끊는 것이었다. 무슨 전환데 그러냐고 했더니, 동생의 대답. "중국집이냐고 해서."

개그는 개그맨들만의 것이 아니다. '아재개그'도 아재들의 전유물이 아니다. 이 책을 쓰고 있을 때 동네 카페에서 마주친 50대 아줌마한테 책에 쓸 만한 재미난 거 있으면 얘기해 달라고 했더니, '난 아지매라서 아재개그는 아는 게 없다'는 아재개그가 날아왔다. 며칠 뒤, 동네 식당에서 알바를 하는 중년 여인은 나의 만두 주문을 받고서 '이런 날에는 만두 먹을 만두 하죠' 했다.

얼마 뒤에는 이웃집의 초대를 받아 간 저녁식사 자리에서 자연스럽게 반주를 곁들이게 되었는데, 바깥주인이 이미 따라놓은 술을 일행 하나가 고사하는 바람에 내 앞에 소주잔 두 개가 나란히 놓이게 되었다. 옆에 앉아 있던 안주인이 그걸 보고 한다는 말.

"안경 쓰셨네요."

이 책의 탈고를 눈앞에 두었을 무렵, 벗이 운영하는 출판사에 놀러 갔다가 소설집 『통영』을 낸 소설가 반수연 씨를 소개받게 되었다. 이름을 듣자마자 내 입에서 나온 말.

"아, 오수연 씨의 십분의 일이시네요."(오수연 역시 소설가다.)

이어 내가 아재개그에 관한 원고를 쓰고 있다고 하자 이분이 곧바로 들려준 실화. 언젠가 오라버니한테 물었단다.

"반씨가 양반이에요?"

그러자 오라버니가 들려준 이야기. 원래 우리나라 양반은 양씨와 반씨밖에 없었는데, 김씨가 자기도 끼워달라고 해서 생겨난 게 '양반김'이란다.

'말 주무르기'는 우리의 일상이다. 주차공간을 찾으면서 옆사람 들으라고 '차를 어디다 대야 잘 댔다고 소문이 나나?' 하고 방백을 하는 것이 우리들이다. 둘러앉아 고기를 먹다가 누구 하나가 혀를 씹기라도 하면 '고기가 모자랐군' 하는 농을 서로 먼저 던지지 못해 난리다.

나의 고교 친구 하나는 10대 시절부터 아재개그를 입에 달고 살았다. '이해가 안 돼? 그럼 일단 오해를 해. 그다음에 삼해를 빼. 그럼 저절로 이해가 돼.' 이런 식이다. 이 친구하고 말을 섞다가 어느 순간 '아니야' 했다가는 대번에 '그럼 여기가 안이지 밖이냐?' 하는 황당한 핀잔을 감수해야 한다.

언젠가 한 지자체장 후보가 TV토론에서 '말 잘하는 해설사보다 일 잘하는 해결사가 필요하다'는 멘트를 뿜었다. 말 잘하는 사람 필요없다는 사람이 참 말도 잘한다.

말놀이를 이용한 홍보는
기업, 관공서, 시민단체를 가리지 않는다.

소화가 빠른 안전상비약

소화기는 화재발생 초기 소방차와 맞먹는
효력을 가진 우리 생활안전의 필수품입니다!
화재로부터 가족과 재산을 지켜주는 빠르고 안전한 약,
소화기 설치에 동참해주세요.

태백산 주목

칼이쓰마®
Since 2004 For professional chefs knives!
칼 살때!
칼 갈때!

당신의 마음을 읽어 주유!
할인의 깊이를 더해 주유!

신한 Deep Oil 카드로 속 깊은 주유혜택을 누리세요!

수리수리 다 수리
20-b088 Repair Repair All Repair
전기 설치 및 콘센트 설치등
전자제품, 산업기기등등

종로 일자리센터에서
일자리를 잡(job)으세요!

－물 절약－
값으로 매길 水 없습니다.

테진아

『시란 무엇인가』는 앞으로 여러 차례 인용하게 될 책이다. 유종호는 이 책에서 '뛰어난 산문가가 반드시 좋은 시인은 아니다' 하는 요지의 이상李箱 평론을 마치면서 이렇게 적었다.

이상李箱은 이상理想은 이상異常은 이상異象은 이상以上이다.

나의 경험으로 확신하건대, 누구에게나 아재개그 본능이 있다. 봉화로 귀촌해 살게 된 뒤로 동네 카페에서 자주 만나는 사람들이 몇 있다. 숨이 턱턱 막힐 정도로 더운 여름날 카페에 모이면 주로 주문하는 것이 '아아', 즉 '아이스 아메리카노'다. 더위가 살짝 누그러진 어느 날, 일행 하나가 주문을 하며 발길질하는 시늉을 한다.

"난 찬 거."

그러자 옆에 있던 젊은 일행이 두 발을 가지런히 모으며 말한다.

"난 안 찬 거."

봉화 사람들은 겨울 개구리를 잡아 끓인 탕을 '만세탕'이라 부른다. 죽은 개구리 모양새가 마치 만세를 부르는 듯해서란다.

봉화 춘양면 소재지에서 식당을 하는 친구가 하도 일손이 부족하다고 해서 점심시간에만 알바를 해주기로 했다. 하루는 한창 바쁠 때 남녀 손님 한 쌍이 들어와 이 집의 별미인 쭈꾸미비빔밥을 시켰다. 손님들이 많다 보니 다른 주문과 헷

갈릴 수가 있어서, 음식을 낼 때 둘한테 확인차 물었다.

"쭈꾸미시죠?"

그랬더니 남자 손님 왈.

"사람인데요."

잠시 멍해 있다가 바로 사과를 했다.

"몰라봬서 죄송합니다."

손님들을 이끌고 오스트리아 빈을 갔을 때 만난 한국인 현지 가이드는 뛰어난 말솜씨로 끊임없이 손님들을 웃겼다. 자신이 부산 출신이라면서, '손님들이 저한테 종교가 뭐냐고 묻는데, 내 종교는 할랑교말랑교죠' 한다. 버스가 국립 빈 대학 앞을 지날 때는 '저기가 빈 대학인데, 지금 방학이라 다 비어 있다'고 너스레를 떠는가 하면, 슈테판 대성당 앞에서 자유시간을 주면서는 소매치기를 조심하라며 '성당 안에서 눈을 감고 기도하면 가방에서 지갑이 사라지는 놀라운 역사가 일어난다'는 경고를 덧붙인다. 그에게서 들은 것 또 한 가지. '빈필, 베를린필, 런던필'이 세계 3대 오케스트라인데, 우리나라에도 이런 것들에 필적하는 '필'이 있으니, 바로 '조용필'이다.

'교통사고' 같은 말놀이들

'누구나 말놀이를 한다'는 말은 '언제든 어디서든 말놀이가 벌어질 수 있다'는 말이나 같다. 예전에 여행가 한비야가 '사랑은 교통사고다'라는 말을 했었는데, 말놀이도 교통사고처럼 벌어질 수 있다. 그래서 예컨대 다중을 상대로 언어행위를 하는 공무원들은 한시라도 긴장을 늦추면 안 된다. 본인의 의도와 전혀 상관없이 어마어마한 말놀이가 벌어질 수도 있기 때문이다. '고양시 장애인 주간'으로 읽힐 것을 기대하고 대형 전광판에 '고양시장애인주간'이라 홍보했는데 어느 순간 '고양시장 애인 주간'으로 돌변하는 사태가 벌어졌던 일이 그렇고, 터널 안의 길이 굽었으니 조심하라는 의미로 '터널안굽은길'이라는 경고를 붙였는데 '터널, 안 굽은 길'이라는 불요불급한 안내로 전락해버린 일도 그렇다.

온라인에도 이와 유사한 예들을 모은 '사고 모음'이 유쾌한 밈이 되어 돌아다니고 있다. '내동 생고기'를 '내동생고기'로

말놀이에는 국적이 없다.
그리스 아테네 시내 한 호텔의
카드키 홀더에 적힌
'당신의 피드백이 키입니다.'

적어 '내동생 고기'가 되었다든지, '용인 육가공 공장'을 '용인 육가공공장'으로 적어 '용 인육 가공 공장'이 되었다든지 하는, 이른바 '잘못 읽으면 대참사가 일어나는 간판' 시리즈다. 범죄 조직을 연상케 하는 '신원세탁'을 필두로 '정 의상실'을 '정의상실'로 적어 '정의 상실'로 돌변한 경우, '밀알 수선'을 세로로 적어 '밀수 알선'으로 탈바꿈한 경우, '아씨 닭발'을 세로로 적어 '씨발아닭'으로 변신한 경우 등….

나의 말놀이

물론 나도 말놀이를 한다. 터키에서 현지 가이드 일을 하던 시절, 이스탄불 시내 숙소에서 동료 가이드 너댓과 함께 생활했다. 하루는 요리 잘하는 후배가 부엌에서 식재료 점검을 하다가 거실에 앉아 있는 나를 향해 소리쳤다.

"형, 당면이 떨어졌어요!"

"그래? 그럼 당면을 마련하는 게 당면과제네."

마치 쇼핑 중독에 걸린 듯이 가게만 보이면 달려가는 손님들한테는 이런 타박을 날린 적도 있다.

"또 가게 가게?"

과일을 비롯한 농산물 생산량이 엄청난 터키에서는 제철이 되면 채소와 과일이 어디나 흔하고 값도 헐하다. 살구와 자두도 많이 나는데, 이런 것들을 설명하는 나의 멘트는 늘

한결같다.

"살구는 변비 심할 때 먹으면 살구 안 먹으면 죽구 합니다."

"자두는 맛이 별로라 먹구 자두 되구 안 먹구 자두 됩니다."

카파도키아의 명소인 파샤바아는 버섯처럼 생긴 바윗기둥들이 장관을 이룬 곳이다. 이 기둥들 여기저기에 옛날부터 사람들이 이런저런 목적으로 구멍을 뻥뻥 뚫어놓아서, 마치 스머프들이 사는 마을처럼 보이기도 한다. 실제로 〈개구쟁이 스머프〉의 작가가 예전에 이곳을 구경한 뒤 작품에 관한 영감을 얻었다는 말이 있다. 이 얘기를 손님들에게 들려주면서 덧붙이는 말.

"작가가 할머니였나 봐요. 영감을 얻었다니…."

봉화로 귀촌해 알게 된 사람들 너댓과 작당해 2박3일간 통영 앞바다 우도로 갯바위 낚시를 간 적이 있다. 한참이 지나도 기대했던 고등어나 학꽁치가 영 잡히질 않자 가장 노련한 낚시꾼이 일행들에게 소리쳤다.

"잡어나 잡어!"

일행을 갯바위에 내려주고 간 통통배는 저녁 끼니때가 되기 전에 아무때나 연락을 하면 우리를 데리러 오기로 돼 있었다. 여러 시간을 헛손질만 한 끝에 내가 소리를 질렀다.

"배고파요! 배 불러요!"

아주 오래전, 이땅의 언중들은 '가슴이 두근거린다'는 말이 심심해 '가슴이 두근반 세근반'이라는 말을 발명해냈다. 수십 년 전, 팔도 각지의 이름 없는 말놀이꾼들은 '공자 앞에서 문자 쓰기'를 '번데기 앞에서 주름잡기'나 '한전 앞에서 촛불 켜기' 따위로 버전업시켰다. 이제는 보기 힘든 광경이 됐지만, 화투판에 앉아보았던 사람 중에 흑싸리를 뒤집으며 '염색 부족'을 한탄하지 않았던 이는 거의 없을 것이다.

한국인들의 '말 주무르기'는 남한테 욕을 퍼붓는 순간에도 멈추는 법이 없다. 남편 욕을 할 때는 '서방'이 '남방'이 되기도 하고, '싸가지'에 '바가지'를 갖다 붙이는가 하면, 미운 놈한테는 '싸돌아댕긴다'는 말로도 모자라 앞에다 '칠렐레팔렐레'까지 갖다 붙인다.

나의 기억 속에도 그동안 살아오면서 목도한 수없는 말놀이들이 똬리를 틀고 있다. 어린 시절 우리 어머니는 얘기 중에 '왜요?' 하고 묻기라도 하면 '왜요는 일본놈 담요가 왜요고…' 하는 코멘트 달기를 잊지 않았다. 그 시절 길창덕 화백의 명작 〈꺼벙이〉에서 코딱지를 동그랗게 뭉쳐 책상 위에서 땅따먹기 놀이를 하던 꺼벙이가 꺼실이를 누나라고 부르기 싫어 '눈 와'로 얼버무리던 장면도 눈앞에 삼삼하다.

고교 시절 또래들 사이에서는 '대단하다'는 '대가리가 단단

하다'였고, '천재'는 '천하에 재수없는 놈'이었다. 1980년대에는 동네 오락실마다 용이 두 마리씩 살고 있었는데, 바로 '일인용'과 '이인용'이었다.

가수 조미미가 〈바다가 육지라면〉(1976)으로 빅히트를 치던 시절에는 '라면은 라면인데 못 먹는 라면은? 바다가 육지라면'이라는 썰렁한 수수께끼가 유행처럼 번지기도 했었다. '이 빼기 이는 틀니'라는 셈법을 배우기도 했고, '이상하면 치과에 가라'고 권유받는 일도 다반사였다.

'소주 만 병만 주소'같이 앞뒤가 똑같은 말을 찾는 놀이도 꽤 인기가 있었다. 이런 말놀이는 한참 뒤 슈퍼주니어의 〈로꾸거〉(2007)에 이르러 정점을 찍었다. 아이돌 그룹이 부른 최초의 썰렁개그 트로트인 이 노래는 1020들 사이에 트로트 열풍과 말놀이 열풍을 동시에 불러일으켰다.

다 이쁜이쁜이다

여보게 저기 저게 보여

여보 안경 안 보여

통술집 술통

소주 만 병만 주소

다 이심전심이다 뽀뽀뽀

아 좋다 좋아

수박이 박수

(…)

니 가는 데는 가니

일요일

(…)

나갔다 오나 나오다 갔나

아들딸이 다 컸다 이 딸들아

다 같은 별은 별은 같다

자꾸만 꿈만 꾸자

장가간 가장

시집간 집시

다 된장국 청국장 된다

오늘의 말놀이

슈퍼주니어 이후의 최근으로 와보자. 오늘날의 102030들은 온라인상에서 정말 열심히들 말놀이 중이다. 이들이 말놀이에 민감하다는 사실은, 발화자가 전혀 의도하지 않았던 말들이 놀잇감이 되곤 하는 현상에서 여실히 확인할 수 있다.

라디오 방송을 진행하던 김흥국이 '거미가 부릅니다, 친구라도 될 걸 그랬어'를 혼동, '친구가 부릅니다, 거미라도 될 걸 그랬어'로 말해버렸다. 이 말실수가 온라인을 타고 엄청난 유명세를 탄 결과, '친구'라는 가수가 〈거미라도 될 걸 그랬어〉라는 제목의 노래를 내고, MBC 예능프로그램 〈복면가왕〉에서는 '거미라도 될 걸 그랬어'를 콘셉트로 한 스파이더맨 의상까지 선보였다.

한국사 공부가 더 필요한 어느 네티즌이 '백범 김구'를 혼동해 '백구 김범'이라고 쓰는 바람에 화제가 된 일도 있다. 이후 '백구 김범 짤'이 유명해지면서, 연예인 김범과 흰색 털 강아지 사진을 합성한 파생 '짤'이 돌아다니기도 했다.

이렇게 의도하지 않은 말실수가 새로운 의미를 만들어내며 102030의 이목을 끌었다가 아예 말놀이 밈이 되어버린 경우도 있다. 아래는 한 블로거가 이와 비슷한 방법으로 만든 '웃긴 닉네임' 모음을 만들어 올린 내용에서 추린 것인데, 실제로 102030들의 게임이나 커뮤니티에서는 이런 식으로 패러디한 닉네임을 사용하는 유저들을 심심찮게 볼 수 있다.

빛과소금
닮은살걀
치킨타올
뭔개소문
수없는씨박
조선왕조씰룩
티끌모아파산
피자헛둘셋넷
남녀칠세부동산
성시경친구내시경

여수밤바다

곤드레만드레난쉬해버렸어

전이만갑오개혁

'시골 잡종'을 '고급스러워 보이는' 어감으로 개조(?)한 '시고르자브종'은 신조어 분야의 금메달 감이다. 동물권에 대한 관심이 높아지면서 '품종견이 아닌 시골 강아지는 품위가 없다'는 인식에 대한 반발과 함께 품종견을 선호하는 현상에 대한 비판적 메시지도 느껴진다.

'뜨거운 프라푸치노'와 '따뜻한 아이스 아메리카노'는 말도 안 되는 상황, 모순되는 상황을 가리킬 때 쓰는 신종 표현이다. '너 진짜 뜨거운 프라푸치노 같다' '그게 무슨 따뜻한 아이스 아메리카노 같은 소리야?'같이 쓴다.

'멍멍이'를 '댕댕이'라 부르는 경우처럼, 획의 방향이 비슷한 글자를 이용해 소리의 차이를 주는 '야민정음'도 꾸준한 인기를 누리고 있다. '펑펑 울었다'는 '광광 울었다'가 되고, '명대사' '명곡' '명언'은 '띵대사' '띵곡' '띵언'이 된다. '팔도비빔면'은 '괄도네넴띤'으로 환골탈태한다.

신조어를 한 번 더 변형하는 '2차 신조어'들도 끊임없이 생겨나고 있다. '소확행'은 '소소하지만 확실한 행복'의 준말인데, 여기에서 한 단계 더 변형된 '소확횡'은 '소소하지만 확실한 횡

령'의 준말로 부정적인 의미와 유머러스함을 동시에 품고 있
다. 회사 비품을 사적으로 취할 때 쓰는 말로, 어느 네티즌이
'저임금, 고강도 업무 환경'에 대한 반발심으로 '이거라도 챙겨
야겠다'며 회사의 비품과 구비된 간식을 한 주먹 집어드는 퍼
포먼스를 보여준 것이 다양한 커뮤니티와 SNS로 스크랩되어
퍼진 뒤로 직장인들의 여러 커뮤니티에서 일상적으로 쓰이게
되었다. 가끔은 정도가 심한 경우도 있어서, 최근에는 이 밈
이 비도덕적인 행동을 부추긴다는 비판도 들린다.

널리 쓰이는 신종 표현 중에 이런 것들도 있다.

'뼈 부러졌다'
'순살됐다'
'2000원 비싸졌다'

'반박할 수 없는, 똑 부러지는 바른말' 또는 '정확한 사실'을
말하는 사람에게 '팩폭(팩트폭력, 팩트폭행)했다'고 표현하는
다소 과격한 신종 표현이 있었는데, 여기서 다시 위와 같은
표현들이 파생했다. 똑 부러지는 말, 바른말을 들은 사람의
입장에서(팩트폭력을 당해서) '뼈 부러졌다'고 표현하기 시작
하다가 어느 순간(뼈가 부러지다 못해 몽땅 사라져) '순살이 됐
다' 혹은(순살치킨이 2000원 더 비싸므로) '2000원 비싸졌다'고
까지 표현하게 된 것이다. 가까운 친구들 사이에서 장난치듯
흔히 쓰는 말이다.

 # 화이자 백신
코로나 사태를 배경 삼은 이 말놀이 작품은
근래에 본 것 중에 가장 상쾌했다.

돌발성을 무기로 삼은 '뜬금맥락놀이'도 있다. 맥락과 전혀 어울리지 않는, 뜬금없는 결론을 제시하는 것이 포인트다. '무야호'는 요즘 가장 '핫'한 유행어로, 기분이 좋거나 신날 때 추임새처럼 쓰는 말이다. 〈무한도전〉의 클립이 온라인에서 화제가 된 이후 급속도로 퍼졌다. '의외로 OO 갈 때' 시리즈는 클릭을 하거나 옆으로 넘겨야 하는, 혹은 세로로 스크롤을 내리면서 시간차 연출을 할 수 있는 온라인 공간의 특성을 이용해 발달한 놀이다. 제목만 본 이용자는 정보성 글인 줄 알고 클릭해서 들어갔다가, 맥락에 어울리지 않는 내용을 대하고 실소를 터뜨리게 된다. 예를 들어 '의외로 학교 갈 때 잘 안 챙기는 것'이라는 제목을 올려놓고 그 밑에 족발 사진을 숨겨놓는 식이다.

개그맨 박명수가 유행시킨 '엉뚱한 삼행시'도 인기다. 네티즌들은 보통 웹툰의 댓글 등에서 '댓글놀이' 중 하나로 이런 삼행시를 짓는다. 웹툰, 웹소설의 유행어나 해당 화에 등장하는 인기 캐릭터의 이름으로 삼행시를 짓는데, 마지막 행에 이르러 앞서 이어지던 흐름과 전혀 어울리지 않게 뜬금없는 작문을 하거나, 갑작스럽게 룰을 파괴하며 맥락에서 벗어난 이야기를 하거나, 아무런 의미 없이 룰에만 집중한 문장을 완성하며 웃음을 유발한다. 박명수의 걸작(?)들을 보자.

'펭귄' 이행시

펭, 펭현숙

귄, 귄카 (퀸카)

'새우' 이행시

새, 새엄마보다

우, 우리엄마가 좋다

'FTA' 삼행시

F, Fine.

T, Thank you.

A, And you?

네티즌들의 말놀이에는 그림이 덧붙기도 한다. 앞서 언급했던 일러스트레이터 '키크니'는 말놀이를 웹툰에 활용하는 대표적인 콘텐츠 제작자다. 〈keykney의 무엇이든 그려드립니닷!〉은 팔로워가 요청하면 직접 그린 그림과 그에 어울리는 말놀이로 화답을 하는 인스타그램 웹툰이다. 예를 들면….

팔로워가 묻는다(물음부터가 말장난이다).

"템플스테이에 꽂혀서 전국에 있는 '절을 가는 저를 보는' 스님들은 무슨 생각을 할까요?

키크니가 그림과 함께 답한다.

"듣던 '중' 반가운 소리군요!"

(이걸 보니 생각나는 것이 있다. 봉화에서 가까운 울진에 비구니 사찰인 불영사가 있다. 풍광이 빼어난 진입로를 한참 걸어 경내로 들어섰는데, 스님들이 밭에 나와 '중노동'을 하고 있었다.)

뒤에서 보게 되겠지만, 시와 말놀이는 매우 긴밀한 관계에 있다. 요즘 온라인상에는 하상욱과 최대호 등 말놀이를 활용해 시를 쓰는 'SNS 시인'들이 맹활약 중이다. 이들을 '시인'이라고 할 수 있느냐는 문제에 대해서는 네티즌들 사이에서도 의견이 분분하지만, 적어도 이들의 콘텐츠가 다수가 함께 즐기는 말놀이라는 사실은 부정하기 어렵다. 특히 최대호 시인의 『읽어보시집』은 몇몇 시의 마지막 행을 비우고 빈칸을 두어 독자가 직접 기입할 수 있도록 했는데, 'SNS 시'가 여럿이 함께 즐기는 말놀이라는 점을 잘 이해하고 활용한 예다.

최근 온라인상에서 인기를 얻고 있는 '한자놀이'는 사실 역사가 제법 긴 놀이다. 엄밀히는 '글자놀이'로 분류되지만, 문자가 언어의 일부라는 점에서 이 또한 넓은 의미에서 '말놀이'의 일종이라고 할 수 있다.

이런 한자놀이는 나의 학생 시절에도 꽤나 유행했었다. 당시 우리 또래들은 경쟁하듯이 '새 한자 만들기'에 열심이었는데, 지금 기억 또렷이 기억나는 것은 단 한 글자, '테레비 테'다.

 # 테레비 테

요즘 신세대들이 보면 '대체 이게 뭐야?' 할 수밖에 없는 이 글자(?)가 나 같은 쉰세대들의 향수를 자극하는 까닭은, 당시의 텔레비전들이 하나같이 여닫이문 달린 장식장 안에 들어앉아 있었던 데다가 그 위에는 가늘고 긴 '브이'자 모양 안테나가 뿔처럼 솟아 있었기 때문이다.

'Life is free'를 '인생이 무료하다'로 옮기는 식의 영어회화 번역 밈도 유행을 타고 있는데, 제한적이기는 하지만 영어학습에 대한 흥미를 자극할 수도 있다는 점에서 권장할 만한 종목이라고 생각한다.

다양한 '병맛 만화'에서도 말놀이가 자주 등장하고 있다.('병맛'은 '병신 같은 맛'의 준말로, 논리적 오류나 비형식적 오류, 뜬금포를 주로 쓰는 개그 스타일이다.)

〈쇼미더머니〉의 인기에 힘입어 2030에게 힙합은 대중적인 음악이 되었다. 힙합 가사 속의 '펀치라인'에서도 말놀이는 필수적인 요소로 기능하고 있다. 아래의 세 작품에서 보듯이, 여러 가지 말놀이 방식 중에서도 소리가 같은 낱말들의 중의성을 이용한 것이 가장 일반적이다.

> 난 베트남 국기의 별
> 사방이 적赤
> **스윙스**

> 모자가 아닌데도
> 나는 캡이라고 불리지
> **슈퍼비**

> 여기 있는 래퍼들 다 내겐 유부남
> 아무도 절대로 날 부인할 수 없지
> **졸리 V**

아래의 두 노래에서는 '낱말 쪼개기' 방식이 쓰이고 있다(이 방식의 다른 예들은 뒤에서 더 살펴보게 될 것이다).

네가 탔던 작두는 단두대
기껏 필요한 건 내 주먹 단 두 대
에이솔

구두계약
남자는 굽 힐 필요 없지
올티

관용표현으로 굳어진 비유를 개운하게 원뜻으로 풀어버린
경우도 간간이 볼 수 있다.

그저 한겨울의 잔디
풀이 죽어 있지
비아이(B.I.)

앞의 예에서 '굽히다'의 활용형 '굽힐'을 '굽'과 '힐'로 분리하
는 능력을 보여주었던 래퍼 올티는 아래 가사에서 여러 가지
말놀이 방식을 자유자재로 구사하는 재능을 뽐내고 있다.

회가 바뀔 때마다
바로 초장부터 발라
(…)
난 프리스타일로 해도 것보단 두 배로 해

넌 용돈 벌고 싶으면 세배는 해야지

보여줄 장기가 없으면 내 배를 째

(…)

내 랩엔 불이 붙지만 연기와는 상관없지

올티

힙합 가사의 필수 요소인 '라임'은 운문문학의 유구한 전통인 '운'의 전통을 이어받은 것이다. 힙합의 라임들은 같거나 비슷한 모음을 반복하는 방식이 일반적인데, 아래에서처럼 자음을 이용한 라임들도 간간이 볼 수 있다.

어서 저 서러운 서커스 속 오손도손

또 섞여 서로 속고 속여봐

FANA

이 밖에 상호, 상품명, 방송 프로그램 제목, 광고·홍보 카피 같은 분야에서도 말놀이는 거의 당연한 방법이 되었다. 『한국일보』가 군사 관련 칼럼 「정승임의 궁금하軍」을 연재하고 롯데가 파주에 공룡 체험관 '파주라기 파크'를 만드는 것 같은 현상은 한국사회의 일상이나 다름없이 되었다. 카카오 택시 '블루'의 CF는 '블루 불러!' 하고 외친다. '달콤 발사, 쌍콤 발사, 발사믹 치킨'을 외치는 치킨 광고도 있다.

특히 방송을 비롯한 영상매체들은 말놀이의 전진기지라

해도 좋을 정도다. 〈비정상회담〉〈전지적 참견 시점〉〈유퀴즈 온더블록〉〈미운 우리 새끼〉〈무엇이든 물어보살〉 같은 식의 '비틀기' 기법이 트렌드로 자리잡은 것은 물론, '라떼'와 '나 때'를 동일시한 유행어 '라떼는 말이야'를 활용한 〈TV 라떼는〉 같은 소리놀이까지 등장하기에 이르렀다.

아재개그가 시시껄렁하다고?

말놀이는 중요하다

'유한'에서 '무한'으로

말놀이는 소리와 의미 사이의 줄타기다. 그런데 특정한 소리가 특정한 의미와 결합하는 것은 완전히 관습적이다. 예컨대 '개'를 딱히 '개'라고 불러야 할 필연적인 이유나 논리적인 근거 같은 것이 전혀 없다는 말이다. 다만 언젠가부터 언중들 사이에서 그렇게 부르기로 약속이 된 것뿐이다. 마치 하늘에서 뚝 떨어진 것 같은 이런 언어의 속성을 스위스의 언어학자 소쉬르는 '기호의 임의성'이라 표현했다. 핑커는 『언어본능』에서 언어의 이런 속성이 낳은 '엉뚱한 결합'의 예를 보여준다. 이를테면 영어 말놀이다.

parkway(공원내 차량통행로)에서 drive하고 driveway(도로변 주차구역)에서 park한다. hamberger에는 ham이 없고, sweetbread(송아지 췌장)에는 bread가 없다.

그런데 의미를 표현하는 소리, 즉 언어학에서 '음운'이라고 부르는 것의 개수는 매우 한정적이다. 한국어의 경우 자음과 모음을 합쳐 30개가 되지 않는데, 이 음소들을 결합해서 만들어낼 수 있는 음절의 수는 만 단위를 넘어가지 않는다. 영어를 비롯한 서구 언어들의 사정도 어슷비슷하다. 이런 면에서

깊은 수심 주의
Warning : Deep water

소리의 유한성은 언어의 중의성을 낳는 배경이다. 영주 무섬마을 입구에 서 있는 이 물조심 안내판은 걱정근심이 너무 깊으면 극단적인 선택을 하게 되는 수가 있으니 항상 편한 마음으로 살라는 권유로도 읽힌다.

일본어는 상황이 매우 열악한 편이다. 채 50개도 되지 않는 음절을 가지고 무수한 낱말을 만들어내야 하니….

언어는 유한한 매체를 무한히 이용한다.

독일의 철학자이자 언어학자인 훔볼트는 이 한 문장으로 '소리의 유한성'과 '사용의 무한성'을 표현했다. 『언어본능』에서 스티븐 핑커는 이 문장을 인용한 뒤 '사람들은 구나 문장을 가지고 무한한 창조력을 발휘하는 것만큼 단어를 가지고도 그렇게 한다'고 덧붙인다. 문장 차원의 진술인 훔볼트의 말이 낱말 차원에도 똑같이 적용된다는 말이다. 소리는 몇 개 되지 않는데 그것으로 표현해야 할 것은 무한히 많은 상황, 바로 이것이 언어가 처한 근본적 조건이자 말놀이를 성립시키는 바탕이다.

말놀이는 '유한한 것의 무한한 사용'이라는 언어의 본질적 특성에 기대고 있고, 바로 이 점이 한 낱말의 중의성을 낳고 한 가지 표현에 대한 여러 가지 해석을 낳는 요인이다. 예컨대 사오정이 '술을 마셔!' 했을 때 삼장법사는 술을 마시라는 말로 들을 수도 있고, 술을 마시지 말라는 말로 들을 수도 있고, 심지어 술을 말아 먹으라는 말로도 들을 수 있는 것이다. 핑커가 '오로님'(두 가지 상이한 방식의 단어들로 분석될 수 있는 소리열)의 예로 들고 있는 아래 문장들도 소리의 유한성이 낳은 결과다.

The good can decay many ways.

The good candy came any ways.

I scream

You scream

We all screm

For ice cream

언어는 인간 삶의 산물이다. 언어의 무한성은 언어로 표현되는 인간 삶의 국면이 무한하다는 현실을 반영한다. 말놀이는 이 양쪽의 무한성을 동시에 드러내는 일이다.

'거꾸로' 가는 말놀이

핑커는 인간 언어의 구조적 특징을 두 단계로 정리했다.

1. 무의미한 소리들을 결합시켜 유의미한 형태소를 생산하는 체계
2. 유의미한 형태소들을 결합시켜 유의미한 단어, 구, 문장을 생산하는 체계

이것이 요컨대 '언어 성립 과정'이다. 이 과정을 거꾸로 진행하

면 '말놀이 성립 과정'이 된다.

1. 유의미한 형태소들을 무의미한 소리로 분해하기
2. 유의미한 단어, 구, 문장을 유의미한 형태소로 분해하기

뒤에서 상술하겠지만, 말놀이에서는 이 두 가지 방법 중에서
도 첫째 방법이 주가 된다. 무의미한 소리들이 모여 유의미한
낱말이 되었는데, 이것을 다시 소리로 분해하는 이런 과정은
언어의 초기 성립 과정을 역방향으로 진행하는 일이다. 이런
과정을 통해 의미가 전혀 다른 낱말들이 소리라는 공통속성
으로 이어지게 되는 것이다.

물을 의식하는 물고기

핑커는 언어가 의식적 노력이나 정규교육 없이도 어린아이에
게서 자연발생적으로 발달한다는 점, 그리고 이렇게 습득한
언어의 구사가 비자각적으로 이루어진다는 점을 지적한다.

언어의 작용은 우리의 자각과는 거리가 멀다. 우리는 생각
이 마음의 검열을 너무나 힘들이지 않고 통과하여 입 밖으
로 튀어나가는 바람에 당황하곤 한다.(…) 언어의 용이성,
투명성, 자동성은 환상이다.

우리의 언어구사가 대부분 무의식적이고 자동적으로 이루어지는 까닭은, 언어를 습득해온 과정이 무의식적이고 자동적이었기 때문이다. 언어는 공기와도 같다. 우리는 한순간도 쉬지 않고 숨을 쉬고 있으면서도 자신이 호흡을 하고 있다는 사실을 자각하지 못한다.

사람이 물고기라면 언어는 물이다. 물고기는 자신이 물속에 있다는 것을 까맣게 모른다. 인간이 언어를 의식하고 말에 주목하는 일은 공기의 존재를 자각하는 일과 같고, 물고기가 물을 의식하는 일과 같다. 말놀이는 무의식화되어 있는 언어를 자각의 수면 위로 끌어올리는 행위다. 말놀이는 언어를 대상으로 한 '메타 언어행위'로서, 인간의 언어행위 중 가장 고급한 것이다.

한편, 말에 대해 관심을 쏟는 일은 우리들 자신의 존재조건을 규명하는 작업이기도 하다. 핑커는 말한다.

사람들이 언어에 대해 알고 싶어하는 이유는 그것에 대한 앎을 통해 인간 본성을 통찰하고자 하기 때문이다.

말의 주인은 사람이다

『표준국어대사전』이 '짜장면'은 틀렸고 '자장면'이 맞다고 한사코 주장하던 시절이 있었다. 당시 나는 '자장면은 잠자기

전에 먹는 면'이라는 비아냥을 입에 달고 살았었다. 길거리에서 누굴 잡고 물어봐도 다 '짜장면'이라고 하는데, 꽉 막힌 규범주의자들이 말의 주인인 언중을 상대로 강짜를 부렸던 것이다. 규범이 뭐라고 하든 말든 언중들은 '삐삐질' '빠꾸' '쓰레빠' '추리닝' 같은 말들을 살뜰히 부려왔다.

어떤 신도 일부 특정한 인간에게 남의 언어에 간섭할 수 있는 권위를 허여하지 않았다. 대부분 자각하지 못하겠지만, 말놀이꾼들의 머릿속에는 언어 세계에서 '권위'를 내세우는 모든 기관, 단체, 개인은 다 가짜라는 관념이 들어 있다. 언어에 '규범'이라는 올가미는 가당치 않다. 언어는 돌판에 새겨진 십계명 같은 것이 아니다. 그것은 사람이면 누구나 맘껏 주무를 수 있는 놀잇감 같은 것이다. 주체적인 말놀이꾼들에게 '표준어'는 저의가 의심스러운 집단의 구호일 뿐이다. 이들에게 사전은 법전의 최종 버전 같은 것이 아니라 불완전하기 이를 데 없는 역사책 나부랭이에 지나지 않는다. 자유로운 말놀이꾼들에게 맞춤법 강박증 따위는 있을 수 없다.

사람 나고 말 났지, 말 나고 사람 나지 않았다. 세상에 변하지 않는 것은 없다. 언어도 변한다. 언어를 변하게 하는 것은 사람이다. 사람이 말을 주물러대면 말은 변할 수밖에 없다. 말을 줄이고 늘이고 쪼개고 붙이고 비틀고 바꾸고 하는 행위는 '내가 바로 언어의 주인이다' 하는 무언의 선언이다.

한편 말이 변한다는 것은 곧 사람살이가 변한다는 말이다. 그런데 사람살이가 말을 변하게도 하지만, 말의 변화가 사람살이의 변화를 만들어내기도 한다. '생각이 에너지다'라는 광고 카피가 있었다. 말은 생각에서 나온다. 생각은 사람살이를 바꾸는 힘이다. 말놀이는 말을 생동하게 함으로써 우리 삶을 생동하게 한다.

'까꿍놀이'의 비밀

한국인이 세상에 태어나 최초로 즐기게 되는 놀이는 아마도 '까꿍놀이'일 것이다. 어른의 눈에 지극히 단순하게만 보이는 이 놀이가 왜 어린아이들을 웃게 만드는 것일까?

까꿍놀이에서 아이들이 경험하는 것은 사라졌다가 갑자기 나타나는 얼굴뿐이다. 여기서 중요한 것은 '갑자기'다. 천천히 나타나는 얼굴을 보고 자지러지게 웃는 아이들은 거의 없다.

이 놀이의 또 한 가지 특징은 반복이다. 같은 상황을 몇 차례 반복해서 경험한 아이는 조금 전에 사라졌던 얼굴이 다시 나타날 것을 기대하게 된다. 이 기대는 곧바로 맞아떨어지고, 아이들은 만족스러운 웃음을 터뜨린다.

처음에 까꿍놀이에서 어린아이들을 웃게 만든 것은 '돌발성'이다. 돌발 상황에서 위험을 피하려는 생존 본능의 발현이든, 새로운 경험을 추구하는 정신적 경향의 발현이든, 돌발적인 상황에 관심이 쏠리는 것은 사람의 본성이다.

돌발성이 효력을 다한 뒤에 아이들을 웃게 만드는 것은 '기대충족'이다. 이미 몇 차례 경험을 통해 아이는 방금 사라진 얼굴이 곧 나타나리라는 것을 예상하면서 그 상황이 오기를 기대하게 된다. 그리고 바로 다음 순간 예상이 맞아떨어지면서 기대는 곧바로 충족된다.

　나만의 경험일지는 모르나, 살다보면 내 뜻대로 되는 일보다는 그 반대의 일들을 훨씬 많이 겪게 된다. 이면에 어떤 필연성이 숨어 있는지는 몰라도, 표면상으로는 대부분의 사건들이 우연성, 돌발성, 의외성을 띠고 일어나는 듯이 보인다. 나는 내 존재가 결코 우연의 소산은 아니리라고 믿는 쪽이지만, 이런 믿음과 상관없이 삶의 매순간을 마치 우연인 것처럼 경험하게 되는 것은 어쩔 수가 없다. 돌발적이어서 관심을 쏟게 되고, 그래서 기억에 더 남게 된 것인지도 모르기는 하지만.

　의외성은 인간 삶의 본성이다. 사람이 살아가면서 겪게 되는 사건들은 대부분 돌발성을 동반한다. 돌발적인 사건은 기억 속에 각인되기 쉽고, 그만큼 이후의 삶에 영향을 끼치는 경험으로 자리잡게 된다. 그리고 '기대충족'은 인간에게 정신적인 만족을 준다. 사람이 웃고 즐거워하고 행복해하는 것은 이 두 가지, 즉 '돌발성'과 '기대충족' 덕분이다.

　말놀이도 돌발성에 의지한다. 돌발적이지 않은 말장난은 웃음을 유발하지 못한다. 터키 투어 때 에페스에 있는 고대 로마의 도서관 앞에서 '양피지'를 설명하다 '양장피'하고 헷갈리지 말라고 덧붙였을 때 웃지 않는 손님은 여지껏 보지 못했다. 말장난을 '출발어에서 도착어로 도약하기'라 정의했을 때,

'양피지'는 출발어고 '양장피'는 도착어다. 출발어와 도착어 사이의 의미상 거리가 멀수록 말놀이의 돌발성은 강해지고, 그만큼 웃음을 유발하는 효과도 커진다.

경험과 인식의 확장

나의 경험에서 말하면, 말장난에 대한 사람들의 반응 정도는 호기심의 크기와 비례한다. 그동안 나의 말장난에 가장 민감하게 반응해준 것은 어린이들이었다. "너 진라면 먹는구나? 난 이긴라면 좋아하는데" 하는 싱거운 말장난에 아이들은 열화 같은 반응을 보인다. 스페인에서 손님으로 만났던 초등 6년생이 투어 내내 곁에 붙어다니며 "사부님, 하나만 더 해주세요" 하고 졸라댄 적도 있다.

인간존재가 지녀야 할 바람직한 자질 중에 호기심만 한 것이 있을까. 새로운 사실을 알기 원하는 인간의 마음이 호기심이다. 호기심은 경험의 폭을 넓히고자 하는 본능의 발현이다. 경험의 폭을 넓히는 것이야말로 인간의 성장을 위한 유일무이한 길이기 때문이다. 『그리스인 조르바』에서 먹물 든 화자를 조롱하는 조르바의 자신감은 인생의 진흙밭을 굴러다닌 다양한 경험에서 나온 것이다. 혹자는 이런 지혜를 붓다의 '사유지'에 대비해 '체험지'라 불렀다. 삶의 진리에 대한 깨달음은 깊고 철저한 사유에 의해서도 얻어지지만 삶의 다양한 국면에 대한 폭 넓은 체험을 통해서도 얻어질 수 있다는 말이다. 즉, 참된 지혜는 지금 이 순간을 온몸으로 살아가는 데서 오기도 하는 것이다. 그런데 어느 날 갑자기 찾아온 듯한 붓다의 깨달음도 어쩌면 수많은 이전 생의 체험이 받쳐준 것이라고 가정한다면 결국 궁극에 이르는 길은 단 하나, 오직 체험뿐이라고 할 수 있다.

사람의 경험에는 세 가지가 있다. 직접적인 체험, 읽기를 통한 경험, 듣기를 통한 경험이 그것이다. 이 셋은 실제 삶 속에서 서로 얽히고설키면서 경험의 총체를 만들어간다. 뒤에서 자세히 살펴보겠지만, 말놀이는 한 맥락에서 다른 맥락으로 건너뜀으로써 성립한다. 두 가지 맥락이 이전에 없었던 방식을 통해 이어지는 순간 또 하나의 새로운 맥락이 생겨난다. 말놀이가 창조하는 이러한 맥락들은 어떤 식으로든 위의 세 가지 경험과 연관되어 있다. 어린아이들이 말놀이에 취약한 것은 미숙한 언어능력 때문이기도 하지만 더 근본적으로는 인생 경험이 두텁지 못한 탓이다. 말장난이 삶의 다양한 국면에 대한 경험과 그에 대한 반추, 상상 등과 관련이 깊은 것만은 분명하다. '아재개그'는 있지만 '아이개그'는 없는 까닭이 바로 이것이다.

말놀이는 상상력을 이용한 경험의 편집이라고도 말할 수 있다. 그것은 현실에 있는 낱낱의 사실들을 짜깁기해 현실에 없는 것을 만들어내는 일이다. 말놀이는 파편화된 경험들이 전에 없던 방식으로 이어지는 새로운 경험을 제공함으로써 경험의 전체 영역을 확장해준다. 호기심 많은 어린이들이 말놀이에 민감한 것은 경험 확장을 위한 본능 때문이다. 사람은 경험하기 위해 태어난 존재라는 나의 믿음이 옳다면, 말놀이는 삶의 근본적인 목적과 관련이 있다.

경험의 확장은 인식의 확장으로 이어진다. 인간에게 경험하고자 하는 본능이 있는 것은, 경험을 통해 새로운 인식을 얻을 수 있기 때문이다. 말놀이는 경험 확장을 통해 인식 확장에 기여한다. 단순히 개별사실에 대한 백과사전식 지식의 양이 는다는 말이 아니라, 개별사실들 사이의 관계에 대한 인식이 확대되어간다는 것이다. 이른바 '통섭적 지식'이라 부를 수 있는 이것은 지식이라기보다는 지혜 또는 통찰에 가까운 것이다. 지혜와 통찰의 획득은 사람을 기쁘게 한다. 이런 기쁨이야말로 사람이 누리는 여러 가지 기쁨 중에 가장 근원적인 것이라고 나는 생각한다.

말놀이는 사람을 드러낸다

『시란 무엇인가』에서 유종호는 '글자 한 자의 빠춤이나 더함이 전세계의 파멸을 의미할 수 있다'는 『탈무드』의 구절을 인용하면서, '말에 대한 엄밀성은 언어동물인 인간이 가꾸어야 할 첫번째 기율'이라 갈파했다. 이어서 그는 말한다.

언어에 대한 엄격성은 자연 앞에서의 경건함과 마찬가지로 인간 품성의 도야와도 연관된다. 두려움을 모르는 방자한 사람들이 말을 함부로 쓰는 것이다. 말과 글은 사람이다.

최승호의『말놀이 동시집』(비룡소, 2020) 추천사에서 '말은 사람들이 함께 살아가는 데 아주 긴요하다'고 전제하고 '사람은 말을 통해 느낌과 생각과 정을 나눈다'고 하여 언어의 실용적 측면을 적시했던 그는 언어에서 인간존재론적 의미를 추출해내는 눈까지 갖추고 있다.

언어행위는 인간의 자기표현 방식 가운데 으뜸으로 중요하다. 고형화된 언어를 상대로 끈질기게 변형을 시도하는 전위적 언어행위인 말놀이에도 당연히 사람의 태도가 표현된다.

『쾌걸 조로리』는 일본에서 공전의 판매부수를 기록 중인 아동만화 시리즈다. 이 시리즈의 모든 책에서 작가는 동음이의어를 이용한 말장난을 간단없이 펼쳐놓고 있는데, 이것이 이 시리즈를 베스트셀러로 만든 중요한 요인의 하나다. 이 시리즈에는 일반인의 상상력으로는 도저히 흉내내기 힘든 스토리 전개와 기발한 아이디어들이 넘쳐난다. 이런 요소들은 고정관념이라는 것을 아예 무시해버리는 작가의 평소 사고방식에서 나온 것이다. 삶에서 중요한 것은 기술보다 태도다.

풍자 말놀이는 사회의 일면을 보여줌과 동시에 그에 대한 말놀이꾼의 태도를 잘 드러내준다.

　영문도 모르고 가는 영문과
　불문곡직하고 가는 불문과
　국문과는 굶는 과

내 대학 시절에, 어문계열의 주요 학과들은 이렇게 통했다. 세상살이에 도움이 된다는 생각에 인기 최고였던 영문과, 여고 때 불어를 제2외국어로 배운 여학생들이 무작정 선호하던 불문과, 먹고살기에 가장 도움 안 될 것 같은 국문과를 빗댄 것이다.

　요즘 돈 없고 힘 없는 세입자들의 처지는 '조물주 위에 건물주'라는 짤막한 한마디로 대변된다. '남존여비'를 '남자의 존재 이유는 여자의 비위를 맞추는 것이다'로 푸는 데서는 체력과 경제력이 동시에 쇠퇴해가는 사내들의 자기연민이 느껴지기도 한다.

　한국사회의 오랜 병폐인 대학서열화 현상도 어느 재치있는 말놀이꾼의 제물이 된 적이 있다.

　아주 어릴 때는 서울대 가라고 서울우유를 먹이고
　조금 커서는 연세대는 가겠지 하며 연세우유를 먹이고
　더 커서는 건국대 정도는 들어가겠지 하며 건국우유를 먹이고

조금 더 지나서는 삼육대학이라도 가라고 삼육우유를 먹
이고
결국에는 저 지방에 있는 대학이라도 가라고 저지방 우유
를 먹인다

풍자꾼들에게 정치는 가장 좋은 먹잇감의 하나다. 이명박 정
부 시절, 역대 대통령들을 모조리 동원해 현직 대통령을 비꼬
았던 진보 진영의 말놀이가 있었다.

이승만 대통령은 초보운전
박정희 대통령은 과속운전
최규하 대통령은 대리운전
전두환 대통령은 난폭운전
노태우 대통령은 졸음운전
김영삼 대통령은 음주운전
김대중 대통령은 안전운전
노무현 대통령은 모범운전
이명박 대통령은? 역주행!

아재개그를 권장하는 여섯 가지 이유

말놀이는 쓸모가 많다

말장난은 쓸데없다?

강은 강인데 못 건너는 강은?
요강.

감은 감인데 못 먹는 감은?
영감.

'수수께끼'는 예부터 끊임없이 생산·향유되어온 대표적인 전래 말놀이다. 그런데 '수수께끼'에서 '수수'는 대체 뭐고 '께끼'는 또 뭔지, 이것이 나에게는 오랜 수수께끼였다. 이 책을 쓰게 되어서야 자료를 찾아보았더니, '쓸모없는 말'을 뜻하는 한자어 '휴지休紙'가 변해 '수수'가 되고 '겨루기'라는 뜻의 '겨루기'가 변해 '께끼'가 되었다고 한다. 결국 '수수께끼'는 '쓸모없는 말 겨루기'였던 것이다. 그런데 과연 수수께끼 같은 말놀이가 휴지통에 처박아 마땅한 쓸모없는 것일까?

말놀이는 곧 말공부다

최승호 시인의 『말놀이 동시집』에 붙인 추천사에서 유종호는 '말놀이를 통해 낱말을 익히고 소리와 뜻의 이모저모를 엿보게 한다'면서 다음과 같이 썼다.

> 낱말을 많이 아는 것은 느낌과 생각이 섬세해지고 풍성해진다는 것을 뜻한다. 그만큼 넓은 세계 속에 산다는 것을 뜻하기도 한다.

뒤에서 자세히 보게 되겠지만, 말공부에 가장 가까이 가 있는 말놀이 방법이 '낱말 쪼개기'다. 이런저런 낱말들을 이리저리 쪼개다 보면 '목욕'에 '머리감기'와 '몸씻기'가 들어 있고 '치아'가 '앞니·송곳니'와 '어금니'의 합체이며 '제왕'은 '황제'와 '왕'의 만남이고 '하천'은 '큰 물'과 '작은 물'을 아우른다는 사실 따위를 알 수 있게 된다.
소리를 이용한 말놀이도 마찬가지다.

요건 내가 쓴 글임

예컨대 이런 말장난을 하다가 '글'과 '그림'의 소리가 비슷한 까닭이 동일 어원에서 왔기 때문임을 깨닫게 되는 것이다. 이런 식으로 소리를 통해 '집'과 '지붕'의 근친관계나 '놀이' '노래' '노름'의 상관관계를 발견해 나갈 수도 있다.

당연한 얘기지만, 말공부는 학교지식을 포함한 모든 지식의 전수와 습득에서 핵심이 되는 영역이다. 영어 공부를 예로 들어보자.

〈바이센테니얼 맨Bicentennial Man〉(1999)이라는 영화가 있다. '맨man'은 알겠는데, 앞에 붙은 말이 영 낯설다. 이게 뭘까, 눈이 빠지게 들여다보는데, 어느 순간 낱말이 세 조각으로 분해되기 시작한다. '바이bi'는 '바이시클bicycle'('두 바퀴', 즉 자전거), '바이위클리biweekly'(격주간 또는 주 2회), '바이먼슬리bimonthly'(격월간 또는 월 2회)에 들어 있다. 이건 '둘'이라는 뜻이 틀림없다. '센트cent'는 말 그대로 '센트'다. 1달러의 100분의 1이 1센트다. 유로화의 경우도 마찬가지다. 1미터를 100조각 낸 것이 1센티미터centimetre다. '퍼센트per cent'는 '백분율', 즉 1을 100으로 나누어 비율을 따지는 것이다. 헐리우드 영화사 '20세기 폭스20th Century Fox'에 들어 있는 '센추리century'는 100년이다. 그러고 보니 '백인대', 즉 병사 100인으로 구성된 로마의 군대가 '켄투리온centurion'이었고,

이들을 지휘하는 백인대장이 '켄투리아centuria'였다. 결국 '센트cent'는 '100'이다.

이런 식으로 해나가는 말공부의 몇 가지 예를 뒤의 '말놀이에서 말공부로'에 실어두었다.

말놀이는 상상력을 키워준다

위 인용문에서 유종호는 말놀이 동시 읽기를 통해 '낱말도 배우고 상상력도 키운다'고 했다. 앞에서 말했던 말공부의 바탕에도 상상력이 작동하고 있다. 상상력은 꼬리에 꼬리를 물고 이어지는 속성이 있다.

말놀이를 하다 '달'이 달력과 하늘에 동시에 존재한다는 사실을 알게 됐다고 치자. 생각해보니 달의 차고 기우는 한 주기가 한 달이다. 시간의 길이를 넓혀 생각해보니, '해'도 마찬가지다. 뜨고 지는 위치가 매일 바뀌는 해가 다시 똑같은 위치로 돌아오는 한 주기가 한 해다. 시간범위를 반대로 좁혀 '날'로 와본다. 한자 '일日'은 '해'도 되고 '날'도 된다. 해가 한 번 뜨고 지는 주기가 '날'임을 알게 된다…….

다른 언어에서는 어떨까? 그나마 조금 아는 영어로 가본다. 달이 'moon'이다. 한 달은 'month'다. 여기서 우리의 상상력은 곧장 시간과 공간의 관계로 확장된다. 그리하여 마침내 '시간은 공간에서 왔다'는 결론에 다다른다(이 내용 역시 뒤의 '말놀이에서 말공부로'에서 좀더 자세히 언급하게 될 것이다).

말놀이는 기억을 돕는다

위에서 말한 학습능력과도 관련이 깊은 이야기인데, 말놀이는 매우 훌륭한 기억의 방편이다. 유종호의 표현을 빌리면, 말놀이는 '기억촉진적'이다.

　출발어에서 도착어를 연상해내는 것이 말놀이다. 연상은 새로운 사실을 기억하는 데 가장 큰 힘이 된다. 고구려와 신라의 마지막 왕이 누구였는지 기억하는 사람은 많지 않다. 하지만 백제의 마지막 왕이 누구인지 모르는 사람은 거의 없다. '의자왕'이 우리들의 기억에 또렷하게 남아 있는 이유는, 그로부터 우리가 익히 알고 있던 '의자'를 연상했기 때문이다. 낯선 것에서 익숙한 것을 연상할 수 있을 때, 그것은 더는 낯선 것이 아니게 된다.

　사람이든 물건이든, 이미 알고 있는 사물을 연상하게 만드는 것은 굳이 애쓰지 않아도 저절로 기억이 된다. 봉화 우리 동네로 귀촌한 사람 중에 장준하 씨가 있다. 첫 대면에 이름을 기억했다. 대학 시절부터 존재를 알고 있던 1960~70년대 민주인사와 이름이 같았기 때문이다. 사과농사 짓는 '원래' 씨도 처음 보는 순간부터 원래 알던 사람 같았다. '원만'이라는 젊은이의 이름도 그 성격과 연결지어 단번에 외웠다. 소설가 김영하 같은 경우는 '긴 영하의 날씨'를 연상하면 쉽게 기억할 수 있다.

연상법은 단어를 무작정 외워야 하는 외국어 초기 공부에도 큰 힘을 발휘한다. 일어로 '구찌'가 '입'이다. '말을 안 하니입이 굳지'로 암기할 수 있다. '다이조부'는 '괜찮아'다. '다 잊어부러도 괜찮아'로 외울 수 있다. 터키어로 '브착'이 '칼'이다. '벽에 칼을 부착'으로 외울 수 있다. '발bal'은 '꿀'이다. '벌들이발로 뛰어 모은 꿀'로 외울 수 있다.

한때 수능생들 사이에서 바이블 같은 대접을 받았던 『경선식 영단어 초스피드 암기비법』이 바로 이런 식의 학습법이었다. 조심할 것은, 이런 암기법이 자칫 고장날 수가 있다는점이다. 예컨대 '벽에 칼을 부착'으로 외웠는데 나중에 '칼'은사라지고 '벽'만 떠오르는 불상사가 일어날 수도 있다. 이런사태를 최소화하는 방법은 이미지보다도 언어표현을 암기하는 데 중점을 두는 것인데, 이때 중요한 것은 외워야 하는 외국어 낱말과 그에 대응하는 우리말 단어를 최대한 가까이 붙여놓아야 한다는 점이다(방금 예로 들었던 경우들이 거의 다 이에 해당한다).

뒤에서 보게 되겠지만, 말놀이 중에 일련의 소리가 지닌운율을 즐기는 것이 있다. 운율도 매우 기억촉진적이다. 동시나 민요 같은 노랫말은 기억력에 힘을 보태준다. 문자가 없던시대에는 노래를 통한 암기법이 있었다. 중학교 때 우리는 '태정태세 문단세'로 시작하는 4·3조 운율의 도움으로 조선시대

왕들을 암기할 수 있었다. 어려서 구구단을 외울 때도 마찬가지였다. 운율의 도움이 없다면 불경, 토라, 쿠란 등 종교경전을 통째로 암기하는 일은 아마도 불가능할 것이다. 몇 시간에 이르는 판소리 한 마당을 아무런 기록물의 도움 없이 완창해내는 소리꾼들도 마찬가지다.

말로 먹고사는 사람들

개그맨들은 먹고살기 위해 전업으로 말놀이를 하고, 시인들은 먹고사는 일과 아무 상관 없이 파트타임으로 말놀이를 한다. 아무튼 이 둘은 말로 먹고사는 직업의 공동대표 격이다.

말로 먹고사는 사람들 중에는 가이드도 있다. 출판계에서 20년간 글밥을 먹던 나는 이후 여행업계에서 10년간 말밥을 먹으며 가이드 생활을 했다. 짧게는 일주일, 길게는 열흘 넘게 한 가이드의 멘트를 들어야 하는 손님들에게 가이드의 말솜씨는 여행의 만족도를 좌우하는 매우 중요한 요소다. 유려한 말솜씨에 말놀이라는 요소가 빠질 수 없다.

일정이 바쁜 경우, 버스 이동 중에 휴식시간을 10분만 줄때가 있다. 그러면 여지없이 '너무 짧아요~' 하는 불만들이 터져 나온다. 이럴 때 저항을 압살하는 멘트.

"십분 활용하세요."

터키에는 양이 무척 많다. 버스 이동 중에 양떼가 보일 때마다 손님들에게 양과 관련한 멘트를 날리다가, 마지막으로 덧붙인다.

"우리나라에도 옛날에는 양이 많았었죠."

그러면 손님들은 영문도 모르고 고개를 끄덕인다. 바로 이어지는 부연.

"김양, 이양, 박양… 안내양도 꽤 많았구요."

글쓰기, 네이밍, 카피

말의 닳아 있음에 모든 시인은 민감하다.

『시란 무엇인가』에서 유종호는 이렇게 말했다. '말의 닳아 있음'에 민감한 것은 말놀이꾼도 마찬가지다. 말놀이는 굳어 있는 말을 흐물흐물하게 만드는 일이다. 말놀이는 소리와 의미를 포함한 언어의 모든 구성요소를 밥알 건드리듯이 세심하게 매만지는 일이다. 이런 말놀이가 시 쓰기를 비롯한 문학적 글쓰기에 도움이 될 것은 자명하다. 뒤에서 자세히 보게 되겠지만, 특히 운문문학에서 말놀이는 핵심적 요소의 하나다. 평생 말놀이를 즐겨온 한 지인은 지금 시 잘 쓴다고 소문난 시인이 되었다. 우리 시든 한시든 영시든, 가요든 샹송이든 팝송이든, 모든 운문형식을 감상할 때 언어유희적 요소에 대한 자각은 작품을 한층 더 깊이있게 즐기는 데 매우 유용하다.

이 책의 말미에서 여러 가지 예를 살펴볼 것인데, 말놀이는 방송은 물론 광고를 비롯한 상업의 여러 분야에서 네이밍과 카피 제작의 필수적인 방법으로 자리잡은 지 오래다. 관공서를 비롯해 기관, 단체 등에서 다중을 상대로 한 언어행위를 할 때에도 말놀이는 흔한 방법이 되었다.

말놀이가 있는 삶은 풍요롭다

지금까지 말놀이의 여러 쓸모에 대해 얘기했다. 하지만 뭐니 뭐니 해도 말놀이의 가장 중요한 미덕은 웃음과 즐거움을 통해 우리 삶을 풍요롭게 만든다는 점이다. 웃고 즐거워하는 순간 우리의 마음은 몸 있는 곳에 함께 있게 된다. 사람은 즐거움을 느낄 때 온전히 존재할 수 있다.

아는 사람이 좋아하는 사람만 못하고
좋아하는 사람은 즐기는 사람만 못하다

『시란 무엇인가』에서 유종호는 『논어』의 이 구절을 인용한 뒤 '즐기는 것은 아는 것이나 좋아하는 것보다 윗길'이라는 표현으로 요약한다. 그의 말마따나, 즐거운 생각은 존중받아야 한다. 그가 말하는 즐거움의 의의는 무엇인가.

즐거움은 그 자체가 선이며 그것을 빼고 인간 행복은 홀로 서지 못한다.

삶에서 가장 중요한 것이 인간관계다. 인간관계에서 가장 중요한 것이 소통이다. 소통의 가장 일반적인 방법이 대화다. 말놀이는 건조한 대화에 윤기와 깊이를 선사하는 마력이 있다. 말놀이는 자신과 타인의 삶을 동시에 유쾌·경쾌·상쾌하게 만든다.

제2부

누나, 눈 와!

맥락 놀이

맥락이란 무엇인가

'맥락'이 중요하다

사물 따위가 서로 이어져 있는 관계나 연관.

『표준국어대사전』이 '맥락'을 설명한 내용이다. 맥락을 '정황'이라 해도 좋고, '모드'라 해도 좋다. 글에서 따지는 맥락은 '문맥'이다.

'다방'과 '찻집'과 '카페'의 표면적 의미는 거의 같다. 하지만 맥락은 사뭇 다르다. 카페에는 바리스타가 있고, 다방에는 레지가 있고, 찻집에는 아가씨가 있다. 카페의 아이스 아메리카노가 다방으로 가면 냉커피가 된다. '슬리퍼'와 '쓰레빠'도 맥락이 다르다. 슬리퍼는 실내용이고, 쓰레빠는 찍찍 끌고 나다니는 실외용이다. '구름과자'는 아이들과 성인들 사이에서 맥락이 다르다.

'사람은 자기가 보고 싶은 것만 본다'는 말은 진실이다. 해발 3000미터를 넘나드는 터키 토로스산맥에 겨울이 오면 가지마다 수북한 눈덩이를 인 수백만 그루의 백향목들이 장관을 이룬다. 한번은 버스 창밖으로 그 풍경을 내다보며 '크리스마스트리가 엄청 많구나' 하는 생각을 하고 있었는데, 뒤쪽에서 어떤 할머니가 '꼭 쑥버무리 같다!' 하며 탄성을 질렀다.

사람의 맥락을 결정하는 것은 대개 심리적인 요인이다. 같은 글이 다르게 읽히고 한 노래가 달리 들리는 것은 그때의 심리적 상황, 즉 내적 맥락이 다르기 때문이다. 사람들이 같은 것을 보면서 다른 생각을 하는 이유도 이 때문이다.

사람은 누구나 자기만의 맥락 속에 산다. 야채가게 주인의 귀에는 '검은 머리 파뿌리가 되도록' 하는 주례사가 '검은 머리 파프리카 되도록'으로 들릴 수 있다. 도산서원을 안창호가 세웠다고 믿는 어느 젊은이의 착각도, 여행 안내를 하러 나온 인솔자를 '솔자씨' 하고 불렀던 어느 손님의 착각도 모두 저마다의 맥락이다. 이렇게 사람마다 자기만의 맥락에 빠져 있기에, 대화를 하다가 참사가 벌어지기도 한다.

"너 눈이 몇이야?"

"둘."

"아니, 시력이 얼마냐고?"

"안 팔아."

신문사와 출판사에는 '주간'이라는 직책이 있다. 1980년대에 한 운동권 인사가 감옥살이를 마치고 출판사에 취직을 했다. 하루는 이분의 동향 감시 책임을 맡은 형사가 전화를 걸어 근황을 물었다.

"요즘 뭐 하세요?"

"출판사에서 주간으로 일하고 있습니다."

"그래요? 야간에는 뭐 하시는데요?"

한 가지 말이 여러 가지 해석을 낳는 것도 맥락의 차이 때문이다. 'Chinese Family Restaurant'은 맥락에 따라 '중국식 패밀리레스토랑'이 될 수도 있고 '중국인 가족이 운영하는 식당'이 될 수도 있다. '산토끼'의 반대말은 맥락에 따라 '들토끼' '집토끼' '죽은 토끼' '판 토끼' '훔친 토끼' '얻은 토끼' '주운 토끼' '알칼리 토끼' 등등이 될 수 있다. '진라면'의 반대는 '안진라면' '비긴라면' '이긴라면' '된라면'이, '신라면'의 반대는 '구라면' '안신라면' '쏜라면' '단라면' '매운라면' '떫은라면' '밍밍한라면'이 될 수 있다.

맥락 연출의 대가들

언어적 요소를 이용해 두 맥락을 기발한 방식으로 연관시킴으로써 웃음을 유발하는 것이 말놀이다. 말놀이는 맥락이 없

가족 나들이

누구나 매순간 자기만의 맥락을 살아간다.

으면 성립하지 않는다. 이 책에 실린 나의 말놀이들에 일일이 제목을 지어 붙인 것도 구체적인 맥락을 설정하기 위함이다. 따라서 제목은 그 밑의 내용과 더불어 말놀이를 완성하는 필수적 성분이 된다. 〈개그콘서트〉나 〈웃찾사〉에 이런저런 코너가 있었던 것도 각기 다른 맥락을 연출하기 위해서다. 그런데 어떤 맥락은 다른 맥락과의 이어짐 없이 자체만으로 웃기는 경우가 있다.

문: 지네한테 가장 치명적인 병은?
답: 무좀(발이 많아서)

예전에 영어 수수께끼 책에서 보았던 내용이다. 발 많은 지네가 무좀에 걸려 고생하는 상황은 생각만 해도 우습다. 이렇게 한 가지 맥락을 연출하는 것만으로 웃음을 유발하는 특별한 능력자들이 있다. 예전에 '만담꾼'이나 '코미디언'이라 불렀고 요즘은 '개그맨'이라 부르는 이들이 바로 이런 사람들이다. AGT(아메리칸 갓 탤런트)에 나와서 만담으로 청중을 웃기는 사람들도 마찬가지다.

1970~80년대를 풍미했던 〈웃으면 복이 와요〉는 뛰어난 재능들의 잔치마당이었다. 5대독자 오래 살라고 장수와 관련된 이름을 전부 가져와 이름을 '배 수한무거북이와두루미삼천갑자동방삭치치카포사리사리센타워리워리세브리깡무두셀라구름이허리케인에담벼락서생원에고양이고양이엔바둑이

바둑이는돌돌이'로 지었는데, 이 아들이 물에 빠진 것을 보고 달려온 하인이 주인과 그 긴 이름을 주고받는 사이에 아들이 익사하고 말았다는 얘기는 가히 명예의 전당 감이다.

충청도 차를 급하게 추월하려 한 서울 차 운전자에게 다가가 '그르케 바쁘문 어제 오지 그랬슈!' 했다는 최양락의 구수하고 능청맞은 개그도 역사에 기록될 만한 것이다.

버스 안내양의 '청량리 중랑교 가요!' 하는 외침을 '차라리 죽는 게 나아요!'로 바꿔치기한 '뽀빠이' 이상용도 맥락 연출 능력의 절정을 보여준 코미디언이다. 그가 풀어놓았던 '새 신자 할머니' 이야기도 걸작이다. 열성 신도인 며느리의 권유로 교회 새 신자 교육을 받은 충청도 할머니가 동네 할머니들과 둘러앉아 나물을 다듬다가, 교회에서 배운 것을 자랑하고 싶어 한마디 내뱉는다.

"예수가 죽었댜~."

그러자 옆에 앉은 할머니가 묻는다.

"예수가 누구여~?"

다른 할머니가 끼어든다.

"이집 며늘애가 아부지, 아부지, 했잖여. 이집 사둔영감인 개비지~."

물었던 할머니가 놀란다.

"그려~? 그럼 문상이라도 가봐야 되는 거 아녀~?"

그 순간 새 신자 할머니가 종지부를 찍는다.

"일없어~. 사흘 만에 깨났댜~~."

맥락과 관련해서, 나에게는 영원히 잊지 못할 만큼 강렬한 기억으로 남아 있는 순간이 있다. 예나 지금이나 바둑을 좋아하는 나는 대학 2학년 무렵 그때까지 일생을 통틀어 최고의 상수를 만나게 되었다. 같은 학과 한 해 선배였던 이 고수를 상대로 넉 점이나 깔고 두었는데도 중반에 이르러 내 대마가 생사의 기로를 헤매게 되었다. 바둑판에 고개를 처박은 채 식은땀을 삐질삐질 흘리며 장고를 거듭할 수밖에. 그러다 어느 순간 뒤통수에 톡, 떨어진 한마디…

"야, 돌이 죽지 사람이 죽냐?"

바둑에 죽자사자 몰입해 있던 나를 일순간에 현실모드로 돌려놓은 촌철살인이었다. 굳이 비유를 하자면, 섬광처럼 날아든 비수에 심장 한복판을 찔려 사경을 헤매게 되었다고나 할까. 말이라면 누구한테도 지지 않는다고 자부하던 나였지만, 그 순간에는 뭐라 대꾸해야 할지 아무런 표현도 떠오르지 않았다.

바둑은 어디까지나 게임일 뿐이다. 세상의 모든 게임에 승부가 걸려 있는 것은, 몰입감을 더함으로써 더 진한 즐거움을 느껴보자는 것이다. 즐기자고 두는 바둑에 왜 목숨을 거느냐는 깨우침. 돌이켜보면, 그 순간 내 마음속은 '심오할 수도 있는 이런 얘기를 어쩌면 이토록 간결한 한 문장으로 압축해낼 수 있을까' 하는, 경외심에 가까운 탄복으로 들어차 있었던 것 같다. 사실, 내 대마는, 내 목숨 말고 바둑은, 어차피 죽을 수밖에 없었고….

'바둑 게임'과 '실제 삶'이라는 극히 이질적인 두 재료를 '죽다'라는 말로 순간접착제처럼 이어붙인 솜씨…. 이 양반은 그때까지 내가 바둑에서 만난 이들 중에 최고수였고, 지금까지 내가 말놀이 세계에서 만난 이들 중에 최고수였다. 그는, 적어도 내게는, 우주 역사상 처음으로 인간과 바둑돌을 '죽음'으로 이어붙인 사람이다.

'맥락 바꾸기 놀이'

언어는 맥락 안에서만 의의가 있다. 언어는 구체적인 상황 속에서 절실히 필요한 것을 표현하는 방식이다. 사람살이에서 끊임없이 발생하는 상황, 즉 맥락의 가짓수는 사실상 무한대다. 삶의 매순간이 맥락이기 때문이다. 숟가락 잡을 때 다르고, 들어올릴 때 다르고, 입으로 집어넣을 때가 다르다. 형식상 동일한 언어표현이라도 맥락이 달라지면 내적 의미가 달라지기 때문에, 세상에 똑같은 언어표현은 없다고 볼 수 있다. '한 사람의 발언은 우주 역사상 처음 있는 사건'이라 했던 촘스키의 말이 바로 이런 의미다.

게다가 우리에게는 경험의 범위를 넘어선 맥락까지 만들어낼 수 있는 상상력이 있다. 이 상상력을 가지고 한정된 경험

인자들을 조합해 무수히 많은 맥락을 생산해내는 것이 말놀이다. 말놀이는 그래서 '맥락 바꾸기 놀이'라 고쳐 부를 수 있다. 말놀이는 한 맥락 안에 있던 말을 다른 맥락 속으로 가져오는 것 이상도 이하도 아니다. 앞에서 '산토끼'가 맥락에 따라 어떻게 달라지는지 충분히 보았다.

이런 점에서 말놀이 능력은 곧 인간 삶에서 발생할 수 있는 다양한 상황, 즉 맥락을 얼마나 많이 이해하고 있느냐 하는 문제가 된다. 어떤 사람이 말놀이를 능수능란하게 한다는 것은, 삶의 곡절이 많았든 독서량이 많았든 어떤 방식을 통해서든 삶의 다양한 국면에 대한 직간접 경험이 풍부하다는 말과 같다. 어린이들에게 말놀이가 중요한 이유가 바로 이것이다. 한 가지 말놀이에는 사람살이의 국면이 적어도 한 가지는 담겨 있다. 아이들은 이것을 간접경험한다. 그래서 말놀이를 통해 사람살이를 배울 수 있다. 아이들이 윤리적인 교훈을 얻는다는 말이 아니다. 세상이 어떻게 돌아가는지, 사람 사는 모습이 어떠한지, 그 구체적인 국면 하나하나를 인식해 간다는 말이다.

'시공'은 맥락의 다른 이름이다. 타임머신의 본질은 시간의 변화가 아니라 공간의 변화다. 타임머신이 진짜로 바꿔내는 것은 시간이 아니라 공간이다. 공간이 바뀌면 시간도 저절로 바뀐다. 아인슈타인이 증명했듯이, 우주는 '시공간 연속체'이기 때문이다. 말놀이는 언어를 매개로 시공을 넘나드는 타임슬랩이다.

벽지의 벽지 가게, 오지게 먼 오지

소리로 놀기

소리에서 출발!

아이들은 레고 조각 몇십 개로 수백 가지 조립품을 만들어낸다. 서양음악은 7음계를 이용해 무수한 곡을 만들어낸다. 언어는 한정된 소리로 한정 없는 말을 만들어낸다. 한 낱말은 몇 가지 음운의 조합일 뿐이다. 언어가 나타내야 할 대상은 한없이 많은데, 음운 조합이 나타낼 수 있는 경우의 수는 턱없이 부족하다. 말로 나타내야 할 것은 무한하고 말을 이루는 소리는 유한하다는 사실, 바로 이 점이 소리가 같거나 비슷한 말들을 양산하는 원천적 조건이자 소리를 이용한 말장난을 가능케 하는 기본적 배경이다. 따라서 음운체계가 단순한 언어일수록 소리를 이용한 말놀이의 가능성은 커진다. 한국어의 경우 훈민정음 창제 초기에 글자에 병기했던 사성 표기가 사라지면서 음운 사이의 변별력은 한층 더 떨어졌다.

지적공사

서울지하철 2호선 대방역에 붙은 안내판.
소리에 민감한 말놀이꾼들의 장난기를
자극할 만한 소재다.

'독'사진

'엽서'사진

'등대'사진

소리를 이용한 말놀이는 말놀이의 출발점이자 언어유희의 거
의 전부라 해도 틀리지 않다. 소리의 세계에서 상상력의 한계
는 없다. 토박이말, 한자어, 외래어 사이의 구별도, 심지어 모
국어와 외국어 사이의 구별도 의미가 없다. 소금하고 간장이
짰다는 둥, 그래서 참기름이 고소했다는 둥의 얘기에서 보듯,
품사의 구별도 의미가 없다. 띄어쓰기나 맞춤법 같은 규범도
간단하게 무시된다.

소리를 이용한 말놀이에서 뜻은 전혀 힘을 쓰지 못한다. 오직 소리가 말을 한다. 그래서 '박씨 물고 온 제비'가 나오는 「흥부전」을 근거로 박씨 성이 강남에서 왔다는 주장도 얼마든지 성립한다. 말놀이꾼들에게는 아라비아숫자도 소리에 불과하다. 이들은 서양역사책의 '헨리 8세'와 '루이 16세'를 '헨리는 여덟 살'로, '루이는 열여섯 살'로 새긴다.

내가 사는 봉화의 소천면 소재지에 지명을 딴 '소천약국'이 있다. 이 상호가 적힌 간판을 처음 보았을 때 나는 기독교에서 사람의 죽음을 이르는 '소천'이 약국 이름에 붙었다는 데

 # 도자기 박물관에서

서 묘한 재미를 느끼면서, '소천병원'이 없는 게 다행이라는 생각을 했었다.

96쪽의 '사진'들과 아래의 예에서 보듯이, 소리를 이용한 말놀이 세계에서 '망가졌다'느니 '너무 나갔다'느니 하는 따위의 개념은 없다.

'다리 꼬기'에 관한 의사 토론회

"안 꽈?"

"왜 꽈?"

"정형, 왜 꽈?"

"성형은 왜 꽈?"

이들은 전국의료인새끼꼬기대회에 참가해서도 똑같은 대화를 나누었다. 의사들의 이러한 대화가 '의사소통'이고, 이들의 가운에 새겨넣은 이름이 '의사표시'다.

딱딱한 것을 물렁하게

품사로서 명사의 성질은 고체같이 딱딱하다. 하지만 말놀이꾼들에게는 그저 물렁한 놀잇감일 뿐이다. 명사는 소리가 겹치는 말들을 찾기가 가장 쉬워서 말장난도 쉽게 성립한다. 특히 수많은 동음이의어를 거느린 한자어는 가장 만만한 상대다. '은행 앞 은행나무' '구두 납품 관련 구두계약' '경향신문의 정치적 경향' '예산군청의 예산 타령' '경륜 짧은 경륜 선수' '경주에서 출발하는 마라톤 경주' '경기도 주최 육상경기' '연세대 교수님의 연세' '고려중학교 진학을 고려 중' 같은 것들은 누구나 쉽게 생각해낼 수 있다. 조금 더 세밀하게 들어가 '중요한 인물을 정부로 둔 정부 요인' '생태어장의 생태계 파괴' '원주에 사는 원주인이자 원주민' 같은 장난도 쳐볼 수 있다. '선수를 빼앗긴 바둑선수' '심사숙고하는 심사위원' '보석으로 풀려난 보석 절도범' 같은 것들도 평이한 수준이다. '동경을 동경하는 아이'처럼 명사성 동사를 이용한 것도 크게 다르지 않다. 아래와 같은 것들도 누구나 어렵지 않게 시도해볼 수 있다.

호프집

"주문하시죠."

"생맥에 마른안주 나와라, 얍!"

'만원사례' 풀이

만원으로 표시하는 고마움

사극 촬영

영상霜上에 찍은

영상領相 영상映像

배

바지 실은 바지선

예인藝人 태운 예인선

인과응보

밤새 비운 술병

다음날 얻은 술병病

직업병

편집자의 편집증

직장인의 직장암

간장공장 직원의 간장병

육군 대장의 과민성 대장 증상

소리가 같은 한자어들은 의도치 않은 말장난을 낳기도 한다. 유럽의 직업적인 소매치기들은 유레일을 타고 대륙 각지를 누비며 활동하는 것으로 유명하다. 그런데 가끔은 크로아티아의 스플리트처럼 관광객이 많이 찾는 장소에 붙박이로 눌러앉아 있는 소매치기가 있다. 한번은 스페인의 코르도바에 갔는데 현지인 가이드가 이곳에 상주하는 소매치기가 있으니 조심하라는 것이었다. 손님들에게 바로 주의를 당부했다.

　"여기 상주 소매치기가 있답니다."

　말이 끝나자마자 손님들 사이에서 웃음이 터졌다. 알고 보니 손님 중에 상주에서 온 일행이 넷이나 있었다.

터키의 코냐 대평원을 달리다 보면 허허벌판에 커다란 사일로들이 서 있는 광경을 보게 된다. 손님들이 저게 뭐냐고 묻기를 기다려, 준비된 대답을 날린다.

"사료 공장으로 사료됩니다."

'사과'는 누구나 한 번쯤 갖고 놀아본 말일 것이다. 아래는 최근에 지인에게서 얻어들은 얘기다.

사장에게 보내는 명절 선물
업무량을 줄여달랄 때는 감을 보내고
월급을 곱절로 올려달랄 때는 배를 보내고
잘못을 덮어달랄 때는 사과를 보낸다

봉화에는 사과가 많이 난다. 나보다 먼저 이곳으로 귀촌해 사는 친구가 작명한 사과 브랜드가 있다.

'진정한 사과'

봉화에 새 거처를 얻어 단장을 끝낸 뒤에, 집구경을 온 친구가 걱정스러운 듯이 말했다.

"지네 나오면 어떡해?"

"그건 지네들 일이고."

원래의 맥락에 속해 있던 낱말을 '출발어'라고 한다면, 말놀이를 통해 새로운 맥락에 속하게 되는 낱말은 '도착어'가 된다. 이 도착어가 너무나 쉽고 뻔할 경우 말장난의 묘미가 살지 못할 수 있다. 그러니 아래에서처럼 도착어를 굳이 드러내지 않고 다른 연관어로 대치할 수 있다면 한층 세련된 말놀이가 될 것이다.

막걸리 열풍
청주에서도
탁주

아래는 나에게 깊은 인상을 남긴 시중의 말놀이다.

아프리카 부족의 우두머리는? '추장'
추장보다 높은 사람은? '고추장'
고추장보다 높은 사람은? '초고추장'
초고추장보다 높은 사람은? '태양초고추장'

여러 해 전, 서울 홍대 근처에서 술을 먹고 집에 가려고 대리기사를 부른 일이 있다. 얼마 뒤에 도착한 기사가 다음에도 이용해 달라며 명함을 내밀었다. 얼결에 받아들었는데, '아무

#휴지

개 과장'이라고 박힌 글씨가 눈에 들어왔다.

"저는 대리 불렀는데요?"

몇 년 전, 동아대에 자리를 잡은 친구의 안내로 1박2일간 부산의 구도심을 구석구석 걸어서 구경한 일이 있다. 자갈치시장을 지나는데, 좌판에 아기 주먹만 한 조개 같은 걸 늘어놓은 게 눈에 띄길래 바로 주인아저씨에게 물었다.

"이게 뭔가요?"

"전복이요."

"아, 그럼 뒤집어놔야죠!"

내가 봉화로 내려온 뒤에 알게 된 사실. 조선시대에 경상 지역에서 청년실업난이 심각했을 때 최고 인기학과가 '봉화대연기학과'였다는 것.

'포기는 배추 셀 때나 쓰는 말이다' 하는 시중 아무개 씨의 창작 금언이 있다. 아래는 같은 취지에서 내가 만들어본 것이다.

'실패는 실을 감을 때나 쓰는 말이다'

최승호 시인은 말놀이 동시 〈떼〉에서 무당벌레들이 '떼지어 떼를 쓴다'는 표현을 구사한 바 있다. 명사 중에서도 1음절로 된 낱말은 소리가 단순한 만큼 겹치는 말을 찾기도 쉽다.

아이, 개운해

때 밀 때

차

푸른 차 녹차

붉은 차 홍차

장갑 실은 장갑차

차 열 대 열차

차 파는 차 차차

신나는 차차차

힘센 으라차차

큰 복 받으십시오

1음절 낱말은 가장 손쉬운 말장난 대상이다.

굴러가는 '차'와 마시는 '차'는 같은 동사를 거느릴 때가 있다.

노부부

"멀미가 나서 차 못 타요."

"난 손이 떨려서 차 못 타요."

김이 빠졌다

김 빠진 맥주

김 빠진 건어물전

김씨 빠진 회식

만두를 수술하던 의사가
황급히 뛰어나오며 '만두피가
모자라요!' 하고 외쳤다는 얘기가
있었다. 나는 '피'를 조금 다르게
풀어보았다.

 # '새발의 피'

'움직씨'를 더 움직이게

동사는 명사와 더불어 모든 언어의 기본을 이루는 품사다.
'움직씨'라는 별칭이 말해주듯이, 말놀이꾼들의 손에 놀아나
기 전에 이미 스스로 움직이고 있는 말이 동사다. 게다가 여
러 가지 활용형이 있다는 점에서 동사 말놀이는 명사의 그것
에 비해 한층 생동감이 있다. 때로는 동사에 딸린 다양한 목
적어와 부사어들이 말놀이의 깊이를 더해주기도 한다.

찜찜해

벽에 걸린 그림이

마음에 걸려

비 마중

매 맞듯이 말고
손님을 맞듯이
비를 맞아 봐

가을이면

가을산이 탄다
가을산을 탄다
올해도 나는
가을을 탄다

공감

나도 알아
너 아픈 거.
네가 앓으면
나도 앓아.

일상

집 짓고
옷 짓고
밥 짓고

나는 이런 문구를 내건 식당은
웬만해선 들어가지 않는다.
된밥보다는 진밥을 좋아하기 때문이다.

글 짓고
농사 짓고
아이 이름 짓고
미소 짓고

악담
있는 체
잘난 체
아는 체하는 놈들
된통 체해 버려라

동사의 명사형이 다른 명사와 대응할 때도 있다.

나들이
신기 충만한 무녀의
고무신 신기

아래는 동사 둘과 형용사 하나가 엮인 경우다.

약똥
개가 똥을 싸요.
형이 개똥을 싸요.
약에 쓰라고 아우에게 보내요.

개가 싼 똥을 싼 봉지를 뜯어보고
아우가 전화해요.
"여기도 똥 싸요!"

품사의 장벽을 넘어서

이제 품사에 구애받지 않는 좀더 자유로운 말놀이들을 들여
다보자. '곧추선 고추' '부산스러운 부산 여인' '무안한 무안
사내' 같은 경우나, '위로가 안 돼' 하는 하소연에 '그럼 아래
로 해봐' 하고 비트는 것 같은 경우다. 특히 동사나 형용사의
활용형을 이용한 말놀이는 한층 더 다이내믹하다. 예컨대 '벽
지의 벽지 가게'보다는 '오지게 먼 오지'가 좀더 자유로운 상
상력의 소산이라는 말이다.

생각
그릇을 빚는 도공의
늘
그릇된 생각
유리공장 공장장의
이따금
현실과 유리된 생각

명사와 형용사가 겹치는 수도 있다. 유럽 투어 때 자주 들르게 되는 유료 화장실에 대해 손님들이 느낄 수 있는 거부감을 누그러뜨리는 멘트가 있다.

"무료 화장실만 쓰다 보면 여행이 무료해집니다."

구입 적기
쌀 쌀 때
마늘 많을 때

'버섯'의 용례
목욕탕 앞에 도열한
병사들에게 떨어진 명령
"벗엇!"

손님들한테 터키 여행의 필수 옵션인 열기구 투어를 설명할 때 반드시 덧붙이는 멘트가 있다.

"열기구를 타시면 기구 탄 운명, 못 타시면 기구한 운명이 됩니다."

아래는 '산토끼'에서 힌트를 얻어 만들어본 것이다.

합리적 추론
산신령이 있다면

죽은 신령도 있을 터
따라서
신령이 영생한다는 것은
새빨간 거짓말이다

명사와 부사도 쉽게 겹친다. '비가 한 시간 동안 추적추적 내
리면 〈추적 60분〉'이라는 모 인사의 일리 있는 설명이나, '예
수가 십자가에 못 박혔다'는 성서의 기록을 들이대며 예수가
십자가에 못 박히지 않았다고 강변하는 어느 말놀이꾼의 침
튀기는 주장은 명사와 부사 사이의 긴장을 이용한 것이다.

아이러니
세로로 선 가로등
세로로 선 가로수

삼각김밥
모양은 삼각
소리는 사각사각

서예전 관람
"글씨가 요상시럽구먼."
"글씨 말이여."

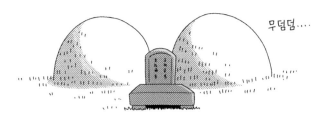

무덤덤····

어느 부부의 무덤

요리책

요리 굽고

조리 볶는

요리조리법

부다페스트의 치타델라 언덕 위에는 오래된 요새가 있다. 이
곳에 갈 때마다 나의 설명은 한결같다.

"이 요새는 요새 만든 게 아닙니다."

아래는 동사와 형용사가 만난 경우들이다.

신혼 이별

떠나가는 배를 부르는

배부른 여인

손

가는 손으로

먹 가는 일,

손 많이 가는 일.

식물학자의 원고

쓴 열매에 대해

쓴 열 매

단 열매에 대해선

단 열 매

감탄사라고 예외가 될 수는 없다. 누가 자를 달라고 할 때 '자!' 하며 건네주는 식이다. 아래는 명상가 한바다의 강연 중에 나왔던 말이다.

에고가

상처를 받으면

에고~ 에고~ 합니다

관용표현들도 얼마든지 놀잇감이 될 수 있다.

영화를 보다

내가 무슨 영화를 보겠다고

이따위 영화에 투자를 했던가!

'말이 되다'

'쥐가 나다'

영단어 'no'와 'know'는 소리가 같다. '꽃'을 뜻하는 'flower'
와 '밀가루'를 뜻하는 'flour'도 마찬가지다. 다른 글자에서 같
은 소리가 나는 일은 어느 언어에서나 찾아볼 수 있다. 글로
적혀 있을 때는 말놀이 요소가 잘 보이지 않다가, 소리 내어
읽는 순간 동일성이 드러나게 되는 것이다.

장작 패기
독기 품은
도끼질

기억상실
기역이
기억이 안 나

카페에서
얼른 커피 시켜
커피 얼른 식혀

묵사발
묵 많다, 무겁다
묵 없다, 가볍다

신혼선물 언박싱

어떤 잠옷일지

자못 궁금해

그나마 다행

급여가 낮다

백수보단 낫다

소시지 파티

오늘 소시지는

김형이 쏘시지?

성유리의 '성냥팔이 소녀' 연기

손을 호호 불며

성냥을 켜는

성 양

끝으로, 오래전에 시중에서 주워들은 말놀이 중에 가히 명작 반열에 오를 만한 것을 소개한다.

도서관과 화장실의 공통점 세 가지

학문을 넓힌다

학문에 힘쓴다

비슷한 소리로 놀기

'머리카락 보일라'

술래잡기 놀이의 한 장면이 아니다. 내가 오래전에 만들어둔 초소형 보일러 네이밍이다.

두 낱말의 소리가 동일한가 유사한가 하는 차이는 말놀이꾼들에게 그리 중요한 사안은 아니지만, 비슷한 소리를 이용한 말놀이가 같은 소리를 이용한 경우보다는 과감함을 좀더 요구한다는 점에서 따로 모아보았다. '슬프다'의 활용형인 '슬퍼'를 '술 퍼'로 변형한 항간의 말장난이 이런 놀이의 예다. 소리에 민감한 말놀이꾼이라면 일본의 전통 2행시인 '하이쿠'에서 '아이쿠' 하는 감탄사를 떠올릴 수도 있을 것이고, '퇴마를 주제로 한 테마 마을' 같은 것도 생각해볼 수 있을 것이다. '누운 커플의 눈꺼풀'이나 '대게는 대개 맛있는데 그날은 되게 맛이 없었다' 같은 것도 떠올려볼 수 있을 것이다. 보신탕 옹호론자라면 '니들이 개 맛을 알어?' 할 수도 있겠고, 요리사가 '계란말이에 들어가는 계란이 몇 개란 말이냐?' 하고 독백할 수도 있을 것이다.

극과 극

"만나뵙게 돼 영광입니다."

"맨날 뵙게 돼 영 꽝입니다."

우리 집

현관 등이

형광등

부녀의 삶

심봉사의 봉사활동

심청의 이혼 신청

우사인볼트의 득템

스프린터의

새 프린터

엄마가 없어요

옷 빠는 오빠

아파하는 아빠

두 의사

용케

안중근 의사의 총탄을 피해

안 죽은 의사

이슬람은 '아민'
기독교는 '아멘'
전라도는 '암면'

터키의 카파도키아에는 영화 〈스타워즈〉의 촬영지로 유명한 으흘라라 협곡이 있다. 대규모 주상절리 협곡이라는 점에서 미국의 그랜드캐년을 연상케 하는 곳이다. 언젠가 한 손님이 이곳을 보고 나서 말했다.
"미국에는 '그년도 개년'이 있는데, 터키에는 '이년도 개년'이 있었네요."

딸아이가 초등학교 다닐 무렵 나에게 이렇게 물은 적이 있다.
"아빠, '그런데'가 맞아, '그런대'가 맞아?"
언제부턴가 우리말에서 '애'와 '에'의 차이가 거의 사라진 듯하다. 그래서 '새 차를 세차했다' '걸레를 걸래?' '제주도 좋은 제주도 청년' 같은 말장난들이 쉬이 성립하게 된다.

작별인사
매일
메일 보내

IT시대의 새 직종

도메인 도매인

하게

베개를 베게

덮개로 덮게

이쑤시개로 이 쑤시게

좀더 본격적으로 '비슷한 소리'들을 찾아가보자.

자원외교

부탄가스 사러

부탄 갔어

 # 누운사람

계절 메뉴

겨울엔 뜨끈한 설렁탕

여름엔 시원한 썰렁탕

CF

바위에 올린

바이올린

늦가을

쌀쌀한 바람

쓸쓸한 마음

책이 나왔다

출판 기념

술판

크리스천의 윤리

예수께

예스

털보의 면도

쉬엄쉬엄 깎는

수염

품절

"또 오셨군요."

"또 옷이 없군요."

배설은 말이 없다

오줌 마렵다…

요즘 말이 없다.

똥 마렵다…

통 말이 없다.

어쩔 수 없이

고육지책으로 내놓은

교육시책

파본

책 만드는 사람

책망 듣는 사람

아리송해

모호한 부연설명,

뿌연 설명

멀미를 방지하는 패치 중에 '키미테'라는 것이 있었다. 한참 뒤에 '배 낫지요'를 비틀어 소화제 '베나치오'가 나온 것처럼 '귀 밑에'를 변형한 이름일 텐데, 이와 관련해 세간에서 떠돌던 얘기가 있다.

멀미약은 '귀밑에'
피임약은 '저밑에'
치질약은 '더밑에'
무좀약은 '맨밑에'

반도국가의 성장동력
미역 무역

산림국가의 활로
숯을 수출

베테랑의 노년
긴 경력
짧은 기억력

스승
깨달은 사람
꽤 다른 사람

개나 사람이나

마티즈 탄 말티즈

택시 탄 탁씨(탁재훈)

생면부지

전혀 모르는

처녀

'고맙습니다'의 유래

동물원 달리기대회 실황중계,

'곰 앞섭니다!'

터키 투어를 할 때 지중해 지역을 돌다가 이따금 손님들한테 바나나를 쏠 때가 있는데, 이럴 때는 어쩔 수 없이 말을 낮추게 된다.

"바나나를 바라나?"

터키 투어 때 반드시 들르는 곳의 하나가 양가죽 옷을 파는 쇼핑센터다. 어쩌다 대박이 나서 손님들이 저마다 양가죽 자켓을 한 벌씩 걸쳐 입고 버스에 오르는 날이 있다. 이럴 때의 멘트.

"버스 안이 모처럼 가죽적인 분위기가 됐네요."

코로나 사태는 지구촌 전체가 한 덩어리로 엮여 서로 영향을 주고받는 세계임을 새삼 확인케 했다. 언어도 예외일 수 없다. 배와 비행기에 기대어 더디게 전파되던 세계의 언어들은 이제 인터넷을 타고 지구촌 구석구석을 광속으로 누비고 있다.

말놀이로 한데 엮인 말들이 출신 언어가 다르다면 의외성이 주는 재미는 더 커질 수밖에 없다. '누룽지'가 영어로 '바비 브라운'이라는 고전도 있고, 검지를 펴 보이며 '이건 핑거', 손가락을 구부리고는 '이건 안 핑 거' 하는 영어공부도 추억의 한 자락으로 남아 있다.

'잘 모르겠다'는 뜻의 외국어 표현에 대한 이야기도 널리 회자된 수작이다.

일본어 '아리까리'
중국어 '갸오뚱'
인도어 '알간디 모르간디'
프랑스어 '아리송' 또는 '알쏭달쏭'
독일어 '애매모호'
우간다어 '깅가밍가'

나는 프랑스 파리의 유명한 극장 '물랭루즈'에 갔을 때 '루즈 묻은 물냉 그릇'을 떠올렸던 기억이 있다. 한번은 축구 중계를 보다가 '키 큰 키커'라는 표현이 떠올라 혼자서 웃은 적도 있다. '맴매하는 마미mommy 매미'도 맘에 드는 자작이다. 최근에는 '독수리 눈이 이글eagle거린다' '『포춘』지에 실린 포천시 기사' '신칸센新幹線에서 읽는 신간' 같은 것도 만들어보았다.

터키 투어 때는 손님들에게 장미오일 구매를 권하면서 '딱 오일만 발라보세요' 하는 멘트를 자주 날렸다. 터키는 이슬람 사회이기에, '너 자신을 알라'고 했던 소크라테스야말로 인류 최초의 무슬림이라며 진지한 표정으로 설명하기도 했다.

세계 최고 관광지의 하나로 꼽히는 이스탄불 그랜드바자르 앞에서 손님들에게 자유시간을 줄 때 항상 하는 말이 있다. 상인들이 물건값을 비싸게 부르니 무조건 절반으로 깎으라는 취지로 당부하는 것이다. 참고로, 터키의 화폐단위는 '리라'다.

"상인들이 '팔 리라에 팔리라' 하면 '사 리라에 사리라' 하세요!"

2차

사케는

내가 사께

의욕적인 말놀이꾼들은
놀잇감을 가리는 법이 없다.

사람의 이름은 대개 뜻을 새기지는 않는 말이기 때문에 처음부터 의미에 구애받지 않고 오로지 소리에서 출발하는 '순수한 소리놀이'가 된다. 이런 점에서 이름놀이는 무의미한 것에서 유의미한 것을 만들어내는 작업이라고 할 수 있다.

등식

이미자＋사미자＝오미자＋일미자

그 사람이 외국인이라면, 소리의 독자성은 한층 더 강해진다. 따라서 상상력의 범위가 한껏 넓어지고, 그만큼 엉뚱한 결과를 낳는 경우가 많다.

개그맨 김준호는 외국인명을 우리말로 바꿔내는 데 탁월한 재주가 있는 사람이다. 언젠가 〈개그콘서트〉에서 그가 '안젤리나 졸리는 졸리나 안 졸리나' 하고 노는 것을 보면서 그 감각이 부럽기도 했고 '저 정도는 나도 할 수 있다'는 시기심 섞인 자부심을 느낀 적이 있다. 인명은 아니지만 나도 예전에 '사우나에서는 싸우나 안 싸우나' 같은 걸 만들어봤기 때문이다.

낯선 외국인명이 의도치 않게 대박 개그를 만들어낸 일이 있었다. 내가 정신세계사에 근무하고 있을 때였다. 하루는 영업부 직원이 무슨 대단한 발견이라도 한 것처럼 부산의 한 도

파리에 몽마르트 언덕이 있다면 통영
동피랑 마을에는 '몽마르다 언덕'이 있다.
바로 이곳에 커피집 '몽마르다'와 햄버거집
'버거싶다'가 자리잡고 있다. 몇이나 되는지는
알 수 없지만 일본 기타큐슈에는 틀림없이
기타 치는 규수들도 있을 것이다.

말놀이꾼들의 서로 다른
상상력은 동일한 출발어를
가지고 전혀 다른 도착어들을
만들어낸다. '붐비어'는 봉화
백두대간수목원 앞에서
본 것인데, '비워'는 어디서
보았는지 기억이 가물가물하다.

예전에 '요구르트'라 하던 것을 '요거트'라
하게 된 이후에 가능해진 말장난이다.

매서점에서 보낸 팩스를 흔들며 편집부로 뛰어 들어왔다. 인도 요가 스승 요가난다의 자서전 『요가난다』 주문서였는데, 거기에는 휘갈긴 글씨로 이렇게 적혀 있었다.

'욕 안 한다' 50부

같은 글자, 다른 소리

'싱글은 싱글벙글'처럼, 같은 글자에서 다른 소리가 나는 일이 많다. 이런 경우는 소리만 가지고는 전달력이 떨어질 수 있기 때문에, 글자 표기를 놓고 보면서 즐기는 말놀이가 된다. 소리를 이용한 말놀이가 문자 표기를 아예 무시한 것이라면, 이것은 문자 표기에 기댄 놀이라는 점에서 서로 대칭적이다.

청춘 일기
사랑의 열병을 앓으며
소주 열 병을 비우다

한글세대
한자는
한 자도 몰라

자매

영자신문을 읽는 영자

문자를 모르는 문자

현장감식

사인死因을 밝혀줄

사인sign

소리는 의미를 표시한다. 소리가 다르면 당연히 의미도 달라진다. 결합한 두 낱말 사이에서 경음화 현상이 일어날 때도 마찬가지다. 사이시옷 현상이라고도 하는 경음화 현상은 두 낱말이 느슨하게 결합한 경우에만 나타난다. 요컨대 화학적 결합과 물리적 결합의 차이다. 아래의 세 글에서 따옴표 안은 소리를 그대로 표기한 것이다.

가을을 알리는 곤충은 '잠자리'

몸을 누이는 곳은 '잠짜리'

김으로 싼 밥은 '김빱'

김을 넣어 지은 밥은 '김밥'

밤에 먹는 밥은 '밤빱'

밤을 넣어 지은 밥은 '밤밥'

비빔밥이 '비빔밥'이 아니라 '비빔빱'인 까닭은

밥에 '비빔'이 들어 있지 않기 때문이다

드라마 〈그저 바라보다가〉에서 한 연기자가 '물귀신'을 [물귀신]이라 발음하는 것을 보았다. '처녀귀신'은 처녀가 곧 귀신이고 '빗자루귀신'은 빗자루가 곧 귀신이다. [물귀신]이라 발음하면 물이 곧 귀신이라는 말이 된다. '물에 사는 귀신'은 [물뀌신]이다.

저 혼자 술에 빠지면 '술귀신'
남까지 술로 끌어들이면 '술뀌신'

뜻으로 놀기

소리여, 안녕!

앞 장에서는 말의 뜻을 무시하고 오로지 소리에만 주목하는 말놀이들을 살펴보았다. 여기서 들여다볼 것들은 반대로 소리는 제쳐놓고 말의 뜻에 초점을 맞춘 말놀이들이다.

'지리'

국물 뻘건 건 매운탕

국물 멀건 건 안매운탕

안주

생맥주에 마른안주

엎지른 맥주에 젖은안주

차이

짝퉁은 '싸구려'

명품은 '비싸구려'

들어가면 나온다

가끔 받는 질문

"어떻게 하면 서울대를 나올 수 있나요?"

너무 쉬운 대답

"들어가면 됩니다."

너무 맛있어

처녀가 먹는

총각김치

아이러니

그 말이 그 말

낯익은 얼굴

햇빛에 그을린 얼굴

메뉴판

비빈밥 7,000원(비벼서 나옵니다)

비빌밥 6,000원(손수 비벼 드세요)

달라요

건너기 전엔 건널목

건너고 나선 건넌목

'두꺼비집'에는 두꺼비가 없다

비유는 언어의 장식이나 생각의 의상이 아니라 언어의 구
성요소이다.

유종호, 『시란 무엇인가』에서

비유의 본질은 '관계짓기'다. 즉, 개별적인 두 사물 사이에서
공통점을 찾아내 그 끈으로 둘을 잇는 것이다. 비유에는 직
유와 은유가 있다. 뭘 잘하는 사람을 보고 '귀신 같네!' 하면
직유이고, '귀신이네!' 하면 은유다. 앞엣것이 직유이고 뒤엣

것이 은유다. 드러낸 비유와 숨긴 비유의 차이다.

유종호는 『시란 무엇인가』에서 '은유는 언어 작동의 편재적 원리'라고 말한다. 해(歲)와 달(月)이 결합하여 오랜 시간을 뜻하는 '세월'이란 말이 생겨날 때 말 자체가 은유라는 설명이다.

실제로 비유는 우리의 언어생활 속에 깊숙이 파고들어와 있다. 이 책에 쓰인 문장에도 비유는 헤아릴 수 없이 많다. 부러 가져다 쓰려고 하지 않아도 이미 나의 언어 속에 수많은 비유가 스며들어 있기 때문이다.

유종호가 적시했듯이, 추상적인 것을 나타내는 말들도 대부분 구체적인 것으로부터의 은유다. 드라마 〈꽃보다 아름다워〉(2004)에서 알츠하이머에 걸린 엄마가 '가슴이 아프다'며 빨간 소독약을 가슴팍에 발라 자식들을 눈물 훔치게 만든 장면이 있었다. 흔히 은유로 쓰이는 '가슴 아프다'는 말의 뿌리가 어디에 닿아 있는지를 보여준 명장면이었다.

이 밖에도 사람의 몸에 기댄 비유는 헤아리기 힘들 정도다. 언젠가부터 '간이 쫄깃하다'로 변모한 '간이 콩알만하다'를 비롯해 '간이 부었다' '쓸개 빠졌다' '애가/속이 탄다' '속이 끓는다/썩는다' '입이 싸다/가볍다/무겁다' '귀가 얇다' '눈이 밝다/어둡다' '코가 석 자다' '손이 크다' '손을 대다/씻다' '발이 넓다' '발을 담그다/빼다' 등등…. 때로는 사람에게 없는 신체부위가 생겨나기도 하는데, 집안을 드나들 때 문을 제대로 닫지 않으면 '꼬리가 길다'는 핀잔을 듣는 경우가 그렇다.

미각과 관련한 비유도 허다하다. '달콤한 환상' '싱거운 농담' '떨떠름한 표정' '입맛이 쓰다' '쓴맛을 보다' '매운맛을 보여주다' '짜게 굴다' '수입이 짭짤하다'….

사람은 밥만 먹지 않는다. 나이도 먹고 욕도 먹는다. 특히 욕은 거의 다 은유로 되어 있다. 미운 사람 못되는 꼴을 보고 '고소하다' 하거나 '깨소금 맛이다' 하는 것도, 식구끼리 단합이 잘되지 않는 집안을 '콩가루'라고 하는 것도 다 마찬가지다. 이제는 원형을 알아보기 힘들어진 '존나'도 원래 은유에서 출발한 표현이다. '예전에 껌 좀 씹었네' '삽질하고 있네' '맛 좀 봐라' '초 친다' 등등도 다 은유다. 이 밖에 '노른자위 땅' '식은 죽 먹기' '경제를 살립시다' '할일이 태산이다' 등등, 우리가 흔히 쓰는 말 중에서 은유 아닌 것을 찾아보기가 더 어려울 지경이다.

'대변을 본다' '소변을 본다' 하는 완곡어법도 똥을 누고 오줌을 싸는 일의 은유에서 왔다. '약오르다'도 원래 고추 같은 것이 잘 성숙해서 자극적인 성분이 많아지는 것을 이르는 말이다. 아무개를 '벗겨먹었다'고 하는 것도 마찬가지다. 병뚜껑이 잘 안 열려 '뚜껑 열려본' 경험, 다들 있을 것이다.

시험에 떨어지는 것은 분명히 안 좋은 일이다. 하지만 사람은 잘 떨어져야 '덜떨어졌다'는 소리를 듣지 않고 일이나 말도 '똑떨어지게' 할 수 있다.

사람의 특징을 잡아내 비유적인 별칭으로 부르는 일도 흔하다. 예전에는 동네마다 '코흘리개'와 '오줌싸개'들이 있었다. 온갖 병을 달고 사는 내 오랜 벗은 '종합병원'이라는 별명으로 불린다.

예전에는 연구자들이 우리나라에 사는 두꺼비의 개체수를 조사할 때 반드시 전국의 가구수를 참고해야 했다. 집집마다 '두꺼비집'이 있었기 때문이다.

'당근주스는 당근 맛있다'

말은 우리가 별나게 의식하는 법이 없는 '죽은 은유' 혹은 '파묻힌 은유'라고 유종호는 말한다. 실제로 우리 언어 현실을 보면 원래 은유였던 것이 본래의 어감과 의미를 상실하고 '죽은 말', '파묻힌 말'이 되어 있는 경우가 많다. 이런 말들이 애초에 지니고 있던 생생한 느낌을 되살리는 일, 비유적 표현을 원래 의미로 돌리는 일은 의외로 유쾌하고 재미가 있다. 비유적으로 말하면, 비유라는 마법에 걸려 있던 말을 주술에서 풀어내는 묘미가 있는 것이다. 오소리들이 굴속에 모여 담배를 피우면서 '이거 완전 오소리굴이네' 한다고 생각해보라. 개가 개한테 '개소리 하고 있네' 한다든가, 개가 저 혼자서 '개털됐네' 하고 투덜대는 모습을 상상해보라.

'사슴이 뿔났다' '금이 금값이다' 같은 표현이나 '물을 물 쓰듯 쓴다' '키우던 풀이 죽어서 풀이 죽은 아이' 같은 것들이 이런 말놀이의 출발이다. '심심하면 간장 찍어 먹어라' 하는 우리 어머니의 말장난은 유년 시절 이후 지금껏 나의 기억 속을 떠나지 않고 있다. 멸치 처녀가 오징어 총각을 퇴짜놓은 이유가 자기는 '뼈대 있는 집안' 출신이어서였다는 얘기도 어머니한테서 들었다.

빵보다 떡을 훨씬 더 좋아하는 나는 누가 떡을 먹으라고 주면 늘 이렇게 말한다.

"이게 웬 떡이냐?"

국, 탕, 찌개같이 국물 있는 음식을 워낙 좋아하는 내가 가장 무서워하는 말이 무엇일까.

"넌 국물도 없어."

돌아가신 아버지 입맛을 닮아선지, 나는 파김치를 아주 좋아한다. 막 담가 쌩쌩한 것을 선호하는 사람들도 있는데, 내 입맛에 파김치가 제일 맛있을 때는 파김치가 '파김치'가 됐을 때다.

나는 생선회나 육회 같은 음식을 그다지 좋아하지 않는다. '날로 먹는' 것은 내 삶의 원칙에 맞지 않기 때문이다.

나는 어떤 음식이든 싱거운 것보다는 짠 것을 선호한다. 자칫 싱거운 사람이 될지 몰라서…

나는 음식에 방부제가 들었느냐 안 들었느냐를 크게 따지지 않고 먹는 편이다. 부지불식간에 방부제를 다량 섭취하게 되더라도, 최소한 '썩을 놈' 소리는 면할 수 있지 않겠느냐는 생각이 있기 때문이다.

나는 서로 밥값을 계산하겠다는 다툼에 절대로 끼어들지 않는다. 별로 계산적인 사람이 못 되기 때문에….

모 출판사에 근무하던 시절, 구내식당에서 회장이 국에 밥을 말아먹는 것을 보고 내가 지나가면서 던진 한마디.
"회사는 말아먹지 마십시오."

스포모(스페인-포르투갈-모로코) 투어 때 모로코 페즈의 전통시장을 둘러보는데, 손님이 좌판에 놓인 것을 가리키며 물었다.
"이게 뭐죠?"
가이드는 손님의 질문에 최선으로 응대할 의무가 있다.
"엿 같네요."
이어서 바로 되물었다.
"엿 먹으실래요?"

투어 때 버스 안에서 손님들에게 1달러짜리 생수를 한 병씩 쏠 때가 있다.
"저는 손님들 물 먹이는 가이드입니다."

터키 투어 중 베이파자르라는 마을을 들를 때면 손님들에게 마을 시장에서 이 지역 특산인 당근주스를 사먹어 보라고 권한다. 당연히 손님들이 묻는다.

"당근주스 맛있어요?"

"당근 맛있죠!"

터키는 벌들에게 송화가루를 먹여 생산한 꿀이 유명한데, 점도가 높고 맛도 뛰어나다. 손님들에게 이런 꿀을 소개할 때 쓰는 표현이 뭐겠는가.

"터키 꿀은 꿀맛입니다."

터키 최대의 평야지대인 코냐 대평원을 보면서 깨달은 사실이 있다. 수평선도 수평이고, 지평선도 수평이라는 것이다.

투어 말미에는 공항 이용에 대해 안내를 한다.

"검색대에서 아무 이유 없이 삐이 소리가 나면 '아, 내가 얼굴에 철판을 깔았구나' 생각하세요."

'팝콘'의 정의

옥수수가

열을 받아

속이 터진 것

'감쪽같다'

단감을

두 쪽으로 갈랐다

다시 붙이면

감쪽같이 붙는다

사고 원인

나사 빠진 우주왕복선

나사 빠진 NASA 직원

예전부터 널리 쓰여온 은유를 재치있게 비튼 시중의 수작이 있다.

'세월이 약'이라는 말이 있다.

그렇다면 양력은 양약이고 음력은 한약일까?

'산보다 호랑이가 더 크다'

개별 낱말을 넘어, 문장형식으로 된 관용표현을 대상으로 놀아보자. 방법은 '비틀기'다.

'에브리타임'이라는 대학생 커뮤니티에서는 시험 기간만 되면 다양한 '공부법' 밈이 쏟아져 나온다. 온갖 자기계발서, 인

유치원

터넷 강의, 대학수학능력시험과 공무원시험 합격생들의 수기 등으로 접한 'OOO 공부법'의 패러디라고 할 수 있을 것이다. 효과적이고 능률적인 공부 방법을 소개하는 기존의 'OOO 공부법'들과는 다른, 얼토당토않은 내용이 포인트다.

데카르트 공부법
나는 시험 생각 안 한다
고로 시험은 존재 안 한다

이순신 공부법
나의 정답을 교수님께 알리지 않는다

전어 공부법
내년 가을에 다시 돌아온다

카카오 공부법
다음daum을 노린다

속담 공부법
시작이 반이다 + 가만히 있으면 반이라도 간다 = 가만히 있으면 다 된다

문익점 공부법

최선을 다해 씨(C)라도 얻는다

나는 영어 대화가 썩 자유롭지는 못하지만 가끔 영어로 장난을 칠 때가 있다. 한번은 터키 투어를 시작할 무렵에 안면이 있는 현지인 가이드가 인사를 건네왔다.

"Are you OK?"

바로 대답했다.

"No."

눈을 크게 뜨고 다시 묻는다.

"Why?"

이유를 설명한다.

"I am Alex, not OK."

그런데 알고 보니 원어민들도 나하고 똑같은 발상으로 놀고 있었다. 아래는 최근에 발견한 영미권의 '대드 조크'다.

아들: Dad, I'm hungry. (아빠, 배고파요.)

아빠: Hi, hungry. I'm dad. (안녕 헝그리. 난 대드야.)

(be동사가 형용사와 명사를 다 거느릴 수 있다는 영문법의 특성을 이용한 말장난인데, 우리말로 옮기면 의미가 전혀 통하지 않는다. 이것은 말놀이가 지닌 주요한 특징의 하나로, 이에 대해서는 뒤에서 조금 더 자세히 언급하게 될 것이다.)

한때 '시간은 금이다' 하는 서양격언을 '황금 보기를 돌같이 하라'는 또다른 격언으로 맞받아치던 시절이 있었다. '오늘 할 일을 내일로 미루지 말자'는 개미식 모토를 '내일 할 일을 오늘 하지 말자'는 베짱이식 모토로 바꾼 어느 말놀이꾼의 철학에 나는 깊이 공감하는 쪽이다. '남녀칠세 부동석'이라는 철 지난 가르침을 '남녀칠세 지남철'로 엎어친 것도 사뭇 통쾌했다.

'금강산도 식후경'이라는 말이 있다. 나는 투어 중에 '백두산도 변후경'이라는 말을 자주 쓴다. 실제로 버스 이동시간이 긴 투어를 해본 독자라면 이 말에 백퍼 공감할 것이다. 배고픈 건 어느 정도 참아낼 수 있지만 똥오줌이 마려운 건 누구라도 참을 수 없다.

우리 어머니의 고향 익산에는 '뛰는 놈 위에 나는 놈 있다'는 속담의 업그레이드 버전이 있다.

　'나는 놈 위에 묻어가는 놈 있다'

이 동네에서는 '배보다 배꼽이 더 크다'는 속담도 연상력 극강 버전으로 바꿔치기해 사용한다.

　'산보다 호랑이가 더 크다'

재기 넘치는 말놀이꾼들은 고리타분한 사자성어도 가만히 놔두질 않는다. '동문서답'은 '동쪽 문이 닫히면 서쪽이 답답하다'로 푼다. 5공화국 시절 '이심전심'은 '이순자 마음이 전두환 마음'으로 풀었다. 어느 퀴즈 프로그램에서는 한 중학생이 '섬섬옥수'를 '섬마다 옥수수가 많다'로 푼 적도 있었다(물론 개그를 의도한 것은 전혀 아니었다).

내친김에 퀴즈 하나 나간다. '하루도 거르지 않고 우유를 마시다'를 사자성어로 하면? 답은 '우유부단'이다.

'뜻으로 놀기'를 마치기 전에, 여기까지 따라와준 독자들께 보답하는 마음에서, 외국여행을 할 때 매우 유용한 팁을 하나 귀띔한다. 유럽에서 절대로 소매치기를 당하지 않는 비법이 있다. '민소매'를 입으시라.

쥐가 아프면 먹는 약?

　사람의 혀에는 눈이 있다
　맛을 '본다'고 하는 걸 보면

우리가 무심코 쓰는 말들을 잘 들여다보면, 일반적 용법에 비해 특이하게 쓰이는 낱말들이 눈에 띌 때가 있다. '통상'적이지 않다는 점에서 '이상'하다고 할 수 있는 이런 말들을 흘려 보내지 말고 물고늘어져보자. 내가 『언 다르고 어 다르다』에서 '이발소' '해우소' '변소' 등등 '소'가 들어간 것들을 수십 가지 나열하면서 '헌법재판소'의 이상함을 물고 늘어졌던 것도 이런 예라 할 수 있다.

봉화로 막 귀촌했을 무렵, 이곳에서 약국을 운영하는 원로 약사님 한 분을 알게 되었다. 지금은 고인이 되셨는데, 이분 생전에 내가 평소에 궁금했던 것을 질문한 적이 있다.

"약사님, '내가 약 먹었냐?' 할 때, 그 약은 도대체 어떤 약입니까?"

역시 전문가라 바로 대답이 나왔다.

"쥐약 같은 거겠지?"

곧바로 또 질문.

"쥐약은 쥐가 어디 아플 때 먹는 약입니까?"

"…"

(인정 넘쳤던 약사님의 명복을 빈다.)

가만히 보면 '농약'이 '약'인 것도 이상하고, '독약'이 '약'인 것은 더 이상하다. 그러고 보니 '마약'도 '약'이 아닌가.

'만년필'은 정말로 만 년을 쓸 수 있는 걸까? 뻥을 쳐도 적당히 쳐야지, 차라리 '백년필'이라 했으면 어느 정도 용서가 됐을 텐데.

낯선 사람이 아는 체를 해왔을 때 우리는 "저를 아세요?" 한다. 그런데 영미권에서는 이럴 때 "Do I know you?"라고 한다. 정말 이상한 사람들이다. 니가 날 아는지를 왜 나한테 물어?

'진간장'은 살짝 어긋난 말이다. '질다'의 상대는 '되다'이고 '된밥'의 상대는 '진밥'이다. 따라서 '된장'의 상대는 '진장'이 옳다.

'이쑤시개'는 심하게 이상한 말이다. 딱딱한 이를 어떻게 쑤신단 말인가. '잇사이틈새후벼파개'가 사실에 부합하는 정확한 이름이다. 요즘 젊은 세대 사이에서는 '이'보다 '이빨'이 대세이니 이들에게는 '이빨사이틈새후벼파개'가 더 와닿을지도 모르겠다.

'빨강머리 앤'은 '빨간머리'가 아니라 '빨강머리'다. 그런데 '검은 머리 파뿌리가 되도록'에서 '검은 머리'는 왜 '검정머리'가 아닐까? 하얀 고무신은 '흰고무신'인데 까만 고무신은 왜 '검은고무신'이 아니라 '검정고무신'일까?
'들다' '나다' '오다' '가다'는 우리말에서 쓰임이 가장 잦은 기본 동사들이다. 이 낱말들은 독자적인 쓰임만 해도 수두룩하지만 '들어오다' '들어가다' '나오다' '나가다' 같은 복합동사로 결합하면서 수많은 관용표현까지 만들어낸다. 특히 '들다'와 '나다'는 '들이다'와 '내다'라는 사동사로까지 변신해 더욱 풍부한 표현들을 생산해낸다.

두 번 죽이기

'들다'와 '나다'는 서로 상대어다. '나들이' '들고나다' '드나들다' 같은 말이나 '든 자리는 몰라도 난 자리는 안다' 같은 속담에서 보듯이, 사람이든 물건이든 한번 든 것은 나게 돼 있고 난 것은 들기 마련이다. 그런데 나이는 한번 들면 결코 어디로 나지도, 가지도, 나가지도 않는다. 나이는 먹기도 한다. 그런데 한번 먹은 나이는 결코 다시 토해낼 수도, 배설해버릴 수도 없다.

'마음에 든다'는 말이 있다. 내가 어떤 대상을 좋아하는 문제를 왜 그것이 내 마음에 들어온다는 식으로 표현하는 것일까? 뭔가가 마음에 들고 안 들고가 대상의 문제가 아니라 기실 내 마음의 문제라서 그런 걸까?

사람들이 스스로 화를 '내고' 있으면서 화가 '난다'고 말하는 것은 대체 무슨 연유일까? '주는' 사람도 없는데 저 혼자서 열을 '받는' 사람들도 이해가 안 된다.

'오고간다'나 '오간다' 같은 말에서 보듯이, 뭐든지 한번 온 것은 가는 것이 보통이다. 그런데 세상에는 오기만 하고 가지는 않는 것들이 있다. 비가 그렇고, 눈이 그렇다.

잠은 오기도 하고 쏟아지기도 한다. 그런데 갈 때는 가만히 가지 않고 확 달아난다.

음식 맛은 오지는 않고 가기만 한다.

전기가 나갔다. 대체 어딜 간 걸까?

된장찌개에 청양고추가 들어갔다. 걸어 들어갔나, 날아 들어갔나?

형편없다, 다 내 편이다

낱말 쪼개기

'헤쳐모여!'

낱말 쪼개기는 소리에 주목하는 말놀이 방식에 비해 훨씬 더 극적이다. 소리를 이용한 말놀이가 한 낱말에서 다른 낱말로 건너뛰는 데 비해, 낱말 쪼개기에서는 낱말이 해체되면서 다른 낱말들로 재구성되기 때문이다. '이미자'가 '이미 자'가 되고 '나가는 곳'이 '나 가는 곳'이 되는 식으로 전혀 엉뚱한 상상력이 뛰노는 과정에서 애초의 의미는 흔적 없이 사라진다. 군사훈련으로 치면 원래의 대형이 온데간데없이 사라지는 '헤쳐모여'다.

한 음절 단어가 아니라면 이 세상에 쪼개지 못할 말은 없다. 문제는 쪼개서 무엇을 만들어내느냐다. 어떤 낱말이든 일단 쪼개놓고 보면 뭔가 보이는 게 생긴다. 예컨대 '외모'는 '왜? 뭐?'로 쪼갤 수 있고, '아재개그'는 '아, 재 개그?'로 분해

할 수 있다.

'명상센터'의 '센터'를 '센 터'로 쪼개면 '기가 센 터' 같은 표현이 나온다. '스타일'은 스타의 취향이고, '스타 일'은 스타의 직업이다. '욕실'을 '욕하는 방'으로 활용할 수도 있고, '팔뚝'을 '팔이 뚝'으로 새길 수도 있다. '절차'는 스님들의 이동수단으로 해석할 수 있고, '개인적 관계'는 '개와 인간의 적대적 관계'로 풀 수 있다. '서울고'와 '서울대'를 쪼개 '졸업하면서 울고'나 '붙고 나서 울대' 같은 표현을 만들어볼 수도 있다.

사람의 이름도 얼마든지 쪼갤 수 있다. 내가 사는 동네에 '준기'라는 사내가 있다. 이 사람 저 사람한테 주는 걸 좋아하는 사람이다. 한번은 동네사람한테 뭘 줘놓고는 한다는 소리가 '내가 준 기다'였다.

봉화에 내려온 뒤로 난생처음 곶감을 만들었다. 순천에서 보내온 대봉감 껍질을 깎아서 두 달 가까이 바깥 현관에 매달아 놓아 말랑말랑해진 것을 여남은 개 싸서 파주 집으로 부친 날, 아들놈에게 톡을 보냈다.

'곶감 곧 감.'

연전에 나에게 소소한 도움을 받았던 후배가 톡으로 짤막하게 인사를 보내왔다.

'감사.'

바로 답을 보냈다.

'안 사.'

나이가 들면

어느덧

가장자리로 밀려난

가장의 자리

열정이 식으면

아홉 정

여덟 정

일곱 정…

동생의 자신감

형편없다

다 내 편이다

#등신

'등신'을 '등 신'으로 쪼갠 것인지
'등 신'을 '등신'으로 합친 것인지
불명하긴 하지만, 어느 헬스클럽의
이 카피는 사람들의 이목을
끌어당기는 데 부족함이 없다.

#'책임'

낱말 쪼개기는 전혀 엉뚱한
결과를 낳을 때가 많다.

내가 말놀이 책을 쓴다는 말을 듣고 친구가 보내준 얘기가 하나 있다. 절에 갔는데 수도승이 공중부양을 하고 있었다. 그걸 보고 "어, 중이 떠, 중이!"라고 한 데서 '어중이떠중이'라는 말이 나왔다고 한다.

반대말 1

이건 창호

저건 안창호

반대말 2

이건 창호

저건 영희

반대말 3

手제비

足제비

 # 열대야

낱말이 '헤쳐모여'를 했을 때 얼마나 극적인 결과를 낳을 수 있는지를 잘 보여주는 예다.

생태동화

몹시 추운 어느 겨울날

생태가 밖에 나갔다가

얼어죽고 말았대요.

생태가 동태 된 이야기,

生太凍話

스파이더맨의 '집착'

이 집에 착,

저 집에 착,

집이란 집엔 다 착!

투어 때 가끔 손님들에게 일본인 관광객과 한국인 관광객 사이의 극명한 차이에 대해 얘기할 때가 있는데, 그 서두는 이러하다.

"일본사람과 한국사람의 차이는 일 본 사람과 일 안 본 사람의 차이만큼 큽니다."

카레이서의 주문

카레 있어요?

좋은 것

육체엔 산책

정신엔 산 책

'안'이 들어간 낱말들은 쪼개서 장난치기 좋다. 이를테면 술집 주인한테 '안주는 안 주시나요?' 하고 다그치는 식이다.

겨울에 터키 투어를 하다 보면 이른 아침에 짙은 안개가 끼는 날이 잦다. 밖에 보이는 것이 없어도 가이드의 멘트는 이어져야 한다.

"안개가 잘 안 개네요. 아침에 호텔에서 이불 안 개고 나오셨죠?"

말린 고등어 2종
안동 간고등어
안동 안 간 고등어

외국어라고 예외는 없다. 터키 투어 때 지중해의 휴양도시 안탈리아에서 유람선을 타는 선택관광이 있다. 이 상품을 권할 때 내가 던지는 멘트는 이러하다.

"이토록 아름다운 안탈리아에서 어찌 유람선을 안 탈 리야!"

'캘리포니아'의 유래
이거 누구 폰이야?
그거 캘리 폰이야!

매우 드물긴 하지만, 아무 생각 없이 쪼갠 말이 대박을 치는 일이 있다. 나의 조카딸이 프랑스로 유학을 갔다가 현지 청년과 결혼을 했다. 조카딸이 대학원에 나가 공부를 하는 시간 동안, 당시 취준생이었던 이 청년은 하루종일 집을 지키고 있었다. 공부를 끝내고 집으로 들어오면서 조카딸이 눈 푸른 신랑에게 한국어로 물었다.

"오늘 뭐 했어?"

딴에는 한국어 익히기에 열심이었던 이 청년, 그날 막 익힌 표현을 써서 자신있게 대답하더란다.

"심심 했어!"

글자로 놀기

낱말을 쪼개서 글자로 놀아보자. '미술'을 '米술'이라 적으면 막걸리가 튀어나온다. '국물'을 '國물'이라 적으면 국가관리 하천이 탄생한다.

119 구조대
화급한 출동
더 급한 出똥

영어의 재발견
촬영 후 트리밍
식사 후 트림ing

영역
짱구는 '못 말려'
짱구는 'un말리러블'

#곰탕

단어해체와 대칭 관계에 있는 것이 말줄임이다. 말줄임 현상은 동서와 고금을 통틀어 모든 언어권에 존재해왔다. 효율을 추구하는 인간의 본성이 언어영역에서도 줄기차게 발현되어온 것이다. 세계보건기구는 'WHO'이고, 미국 중앙정보부는 'CIA'다. 사과apple, 비트beet, 당근carrot이 들어간 주스는 'ABC주스'다. 예전의 '럭키금성'은 지금 'LG'가 되었다(이 회사 홍보팀은 이를 재해석해 'Life's Good'으로 풀고 있다).

최근 한국사회에서 줄줄이 탄생하고 있는 준말들은 그만큼 급박해진 사회와 의식의 변화 속도를 반영한다. 장기화된 코로나 국면은 '방콕' 현상의 일반화를 불러왔고, '소중하고 확실한 행복'을 뜻하던 '소확행'을 '소중하고 확실한 행동수칙'으로 변신케 했다. '빚을 끌어다 투자한다'는 '빚투'는 젊은이들을 비롯한 일반인들까지 자본증식에 열심이 된 세태를 반영한다.

'우습고 슬프다'를 '웃프다'로 줄이기 시작한 것이 벌써 오래전이다. '영혼을 끌어모은'은 '영끌', '버스정류장'은 '뻐정', 자동차 시트에 깔린 전기온열장치는 '엉뜨'다(요즘은 시트에서 시원한 바람이 나오기도 하는데, 이건 '엉시'라고 부를 수 있겠다). 얼굴이 큰 사람은 '얼큰이'로, 형제자매는 '호적메이트'를 줄인 '호메'로 통한다. YTN의 '뉴스가 있는 저녁'은 '뉴있저'로 압축된다.

'써방'은 '써치 방지'이고 '미방'은 '미리보기 방지'인데, 둘 다 온라인 커뮤니티와 SNS 상에서 흔히 쓰이는 준말들이다.

'내돈내산'은 '내 돈 주고 내가 샀다'의 준말이다. 바이럴광고가 많은 온라인 환경의 특성상, 정보성 글을 올릴 때 광고가 아니라는 뜻에서 사용하는 말이지만 최근에는 매우 보편화되어 바이럴광고 회사에서 '광고가 아닌 척' 네티즌을 속일 때 사용하기도 한다.

'알잘딱깔센'은 '알아서 잘, 딱 깔끔하고 센스 있게'의 준말이다. '돈쭐내다'는 '돈으로 혼쭐을 낸다'의 준말로, 맛집 사장님이나 좋아하는 연예인 등에게 '돈을 많이 벌어 성공하라'는 의미로 사용하는 표현이다.

언젠가 나는 뜨거운 아메리카노를 '뜨아'라 한다 해서 뜨악했다가, 아이스 아메리카노를 '아아'라 한다는 데서는 '아아, 그렇구나' 했던 기억이 있다. 탕수육을 먹는 두 가지 방법인 '부먹'과 '찍먹'도 꾸준한 사랑을 받고 있다. '알바' '먹방' '혼밥' '혼술' '치맥' 같은 말들은 국어사전에 올려도 이상하지 않을 정도다. '크루아상'과 '와플'이 만난 '크로플'은 겉은 바삭하고 속은 촉촉하다며 '겉바속촉'이라 홍보한다.

'아껴 쓰고 나눠 쓰고 바꿔 쓰고 다시 쓰고'를 줄인 '아나바다'는 운까지 맞춘 추억의 작품이다. 주로 정치권에서 꾸준한 쓰임을 자랑하고 있는 '내로남불'도 사전에 오를 자격이 충분한 유행어다. '이생망'은 '이번 생 망했다', '답정너'는 '답은 정해져 있으니 너는 대답만 하라'는 말이다. '오저치고'는 '오늘 저녁 치킨 고?'이고, '점메추해'는 '점심 메뉴 추천해줘'다. 이렇게 요즘 사람들이 말 줄이기를 너무 좋아한 나머지 무리수를 두면서까지 준말을 쓴다는 뜻을 담은 준말도 있다. '별다줄', '별걸 다 줄인다'는 뜻이다.

나보다 먼저 봉화에 내려온 친구가 두 누님과 함께 운영하는 식당의 사철 인기메뉴는 칼국수와 수제비를 합친 '칼제비'고, 여름철 특별메뉴는 '물냉'과 '비냉'이다. 봉화 분천역 앞 산타마을의 한 식당에서는 육개장과 칼국수를 합친 '육칼'을 판다. 우리 아이들이 다녔던 문산제일고등학교는 '문제고'로 줄인다. 전국 방방곡곡에서 마주치게 되는 '공사중'은 '공군사관학교부속중학교'의 준말로 풀 수 있다.

나는 투어 가이드를 할 때 '이모화'와 '이모수'를 자주 언급했었다. 한국인들은 유난히 나무와 화초에 관심이 많다. 손님들이 '저건 무슨 꽃이에요?' '저건 무슨 나무예요?' 하고 물었을 때, 아는 것이면 당연히 알려주겠지만 모르는 것일 때에는 '저건 이모화, 저건 이모수' 하는 식으로 답한다. 손님들이 그게 이름인 줄 알고 '아, 그래요?' 하면 '이를 모를 꽃' '이름 모를 나무'라는 설명을 덧붙인다.

예능 프로그램에서 자주 보는 삼행시 짓기나 낱말의 마지막 음절을 이용하는 끝말잇기도 낱말 쪼개기의 일종이라고 볼 수 있다.

재미가 아니라 공부를 위해 낱말을 쪼갤 수도 있다. 이럴 때 단어 해체는 낱말의 뉘앙스를 정밀하게 파악하기 위한 것이 되고, 말놀이를 넘어 말공부로 가게 된다. 이에 대해서는 4부에서 얘기하게 될 것이다.

제3부

여드름과 고드름

소리 즐기기

말도 안 되는 소리는 '개소리'

소리에 대하여

말은 곧 '소리'

언어는 사람의 입에서 나오는 소리의 총합이다(수화는 예외다). 언어는 태생적으로 소리다. 언어가 소리에서 출발했기에, 사람의 말을 원초적으로 이를 때 '소리'가 된다. '되지도 않는 소리 하지도 말라'는 말이 있다. 말이 말 같지 않을 때 소리로 전락한다. 말 그대로 '말도 안 되는 소리'다. 이런 걸 먼 옛날에는 '귀신 씻나락 까먹는 소리'라 했고 가까운 옛날에는 '김밥 옆구리 터지는 소리'라 했는데, 예나 지금이나 짧게 '개소리'라고도 한다. 말이 소리가 되는 순간 사람은 짐승과 다를 바 없게 된다.

언어의 본질이 소리라는 점에서, 이 세상에 똑같은 언어를 쓰는 사람은 없다고 말할 수 있다. 무엇보다도 사람마다 성문聲紋이 다르다. 그런데 이렇게 제각기 다른 소리를 우리는 같은 소리로 인식한다. 이것이 언어의 신비 가운데 하나다. 한 사람의 말소리가 어떤 사람들 귀에는 전혀 이상스러울 것이 없지만 다른 사람들 귀에는 매우 이상하게 들리는 일은 전혀 이상한 일이 아니다. 그래서 예전에 한 정치인을 풍자했던 얘기에서처럼 '경제'가 '갱제'가 되고 '외무부 장관'이 '애무부 장관'으로, '관광부 장관'이 '강간부 장관'으로 탈바꿈할 수도 있는 것이다. 참고로, 내가 사는 봉화를 비롯한 경북 지역 사람들은 '아메리카노'를 '머라카노'와 동류로 여겨 '아메리카노'라고 발음한다.

말의 본질이 소리이기에, 소리가 같은 말들은 거의 자동적으로 연상의 대상이 된다. '인연'이나 '18년'이 욕으로 들리기도 하는 것은 전혀 이상한 일이 아니다. 아래의 예는 동일한 소리를 지닌 말이 맥락과 의미를 넘나드는 것은 물론 품사와 경어법까지 자유자재로 넘나들 수 있음을 보여준다.

'할머니가 국을 뜨시다'
'할아버지가 세상을 뜨시다'
'아버지가 자리를 뜨시다'
'군불을 때니 방이 뜨시다'

Q: What flowers grow between nose and chin?

A: Two lips.

이 문답은 예전에 영어 수수께끼 책에서 보았던 내용이다. 번역을 해보자.

문: 코와 턱 사이에서 자라는 꽃은?

답: 두 입술.

이 무슨 뚱딴지같은 소리인가. 이 내용을 읽고서 웃음이 나왔다면 틀림없이 헛웃음일 것이다.

수수께끼의 답으로 등장한 'two lips'를 영어 발음대로 읽어보자. '툴립스'…. 우리가 보통 '튤립'이라고 부르는 꽃의 로마자 표기가 'tulip'인데, 이것의 원어민 발음은 [툴립]에 가깝다. 그 복수인 'tulips'는 수수께끼의 답인 'two lips'와 소리가 거의 똑같다.

디즈니 애니메이션 〈모아나〉에, 닭 한 마리를 데리고 모험을 떠난 소녀 모아나에게 반신반인 마우이가 '너도 치킨이잖아' 하고 놀리는 장면이 나온다. 한국에서는 '치킨'이 음식이지만, 영미권에서는 '암탉'이자 '겁쟁이'를 뜻하는 말이기도 하다. 이런 대목을 만나면 번역자들은 두 손 들 수밖에 없다(한 손엔 암탉, 한 손엔 겁쟁이, 내 손엔 제발 치킨, 치킨…).

말놀이는 원래, 번역이라는 게 불가능하다. 특히 소리를 이용한 말놀이는 절대로 언어의 경계를 넘을 수 없다. 한국어 말놀이는 한국어로만 즐길 수 있고, 영어 말놀이는 영어로만 이해할 수 있다. 그래서 말놀이는 한 언어의 고유한 문화적 자산이 된다.

별 보고 별별 떨지 말고 별을 주세요

소리 즐기기

소리의 세계에서 놀기

인간에게는 소리 자체에서 즐거움을 느낄 수 있는 천부적 능력이 있다. 나아가 일련의 소리가 만들어내는 흐름, 즉 운율도 훌륭한 즐길거리가 된다.

앞의 '소리로 놀기'에서는 소리를 징검다리 삼아 한 맥락에서 다른 맥락으로 건너뛰는 방식의 말놀이들을 살펴보았다. 이제부터는 맥락이나 의미를 완전히 무시하고 순수하게 소리만을 가지고 노는 말놀이에 대해 이야기하려고 한다. '석가모니 무늬 들어간 문이 뭐니?' 같은 말에서, 의미는 중요하지 않다. 의미를 깡그리 잊고 순전히 소리만의 세계에서 노는 즐거움을 맛보기로 하자.

소리 즐기기의 가장 기본적인 방식은 같은 소리의 반복이다. '기세 등등'에 '기타 등등'이 이어진다든지, '빵을 먹었더니

배가 빵빵하다'든지, '하늘에 별별 별이 다 있네' 하는 식의 말장난은 누구나 한 번쯤은 해보았을 것이다.

나는 터키 투어 중에 이런 상상력을 발휘하곤 했었다.
"버스 안에 벌이 들어왔다고 벌벌 떠실 필요는 없습니다. 제가 저 벌한테 벌을 주겠습니다."

한번은 손님들에게 이런 멘트를 한 적도 있다.
"노점에서 산 꿀을 캐리어에 넣었다가 밀봉이 제대로 안 돼서 옷을 죄다 버린 여자손님이 있었는데, 기분이 참 꿀꿀했을 겁니다."

첫소리로 놀기

그리운 건
그대일까
그때일까

서로 아무런 관련이 없어 보이는 '알부자'와 '알까기'는 단지 첫소리가 같다는 점에서 말놀이꾼들에게 관심의 대상이 된다. '팝송'을 듣고 '팝콘'을 먹으며 '팝핀'을 추는 경우도 그렇다. '맨발' '맨손' '맨주먹' '맨몸' '맨얼굴'에 '맨밥'까지 이어지는 경우도 마찬가지다.

하상욱의 위 단시는 이른바 '두운', 즉 첫소리를 맞추고 있다. 그런데 아래에서처럼 일치하는 첫소리가 두 음절이라면 더욱 재미가 있을 것이다.

배회
우물가에서 우물쭈물
어물전에서 어물쩡

끝소리로 놀기

리 리 리 자로 끝나는 말은
괴나리 보따리 댑싸리 소쿠리 유리 항아리

리 리 리 자로 끝나는 말은
꾀꼬리 목소리 개나리 울타리 오리 한 마리

'유쾌' '상쾌' '통쾌'라는 세 낱말이 이어질 때, 그 소리는 유쾌하고 상쾌하고 통쾌한 맛이 있다. '밤참' '새참' '그거 참' '나원 참' 같은 말들이 이어져도 그렇다. 앞서 보았던 것처럼, 동서고금을 막론하고 운문문학에서는 '각운'이라 하여 끝소리를 맞추는 전통이 있다. 위에 보인 윤석중의 말놀이 동시는 외국 곡에 붙은 가사로 유명하다. 끝소리가 같은 낱말들을 마구잡이로 늘어놓지 않고 둘씩 짝을 지어놓은 대목에서 시인의 섬세한 솜씨를 엿볼 수 있다.

지중해에 면한 터키의 남쪽 지방에는 키 큰 유칼립투스 나무가 흔하다. 차창 밖으로 줄지어 지나가는 이 나무의 이름을 손님들에게 알려주면, 어디서 들은 것은 있는지 터키에 코알라는 없느냐고 묻는 이들이 많다. 그럴 때의 대답.

"터키에는 코알라는 없고 알라는 있습니다."

앞소리와 마찬가지로, 겹치는 끝소리가 두 음절이 되면 재미도 두 배가 된다. '노가리' '대가리' '매가리' '청산가리' '밀가리'를 잇따라 소리 내보라. '회초리' '눈초리' '입초리' '제비초리'가 줄줄이 다가올 때 우리 귀는 저절로 즐거워진다. '상거지' '우거지' '설거지'가 이어지면 우리의 상상력까지 꿈틀대기 시작한다.

해마다
겨울이면 고드름
여름이면 여드름

흥겨운 만찬
젓가락이 오락가락
노랫가락이 오락가락

5월

라일락이

보일락말락

육해공

땅에는 족제비

물에는 수제비

하늘엔 공중제비

아래에서 보듯이, 마지막 두 음절이 겹칠 경우 순서가 다른데도 마치 똑같은 것처럼 들릴 때가 있다. '착시'와 비슷한 '착청'이라 할 수 있을지….

불치병

찌르레기의

알레르기

'전반전'과 '경성빵공장'

한 낱말을 이루는 모든 음절의 마지막 소리에서 동일한 유성음이 반복될 경우에도 당연히 음운적 효과가 있다. 예를 들면 '전반전'이나 '안전운전' 같은 것이다. 나의 중학교 때 첫 국어선생님 성함이 '한문선'이었다. 40여 년이 지난 지금도 기억 속에 뚜렷이 남아 있는 이 이름은 무엇보다도 세 글자의 받침이 모두 같은 데다가 '한문선생'을 연상케도 하고, 본인의 설명대로 뒤 두 글자가 영어로 'moon'과 'sun'이 된다는 점도 재미있다.

'니은'과 비슷한 소리가 '이응'이다. 이응은 구강과 함께 비강까지 울리면서 여운을 가장 길게 남기는 소리다. 그래서 양악에서나 국악에서나 거의 모든 악기 소리는 이응 받침으로 표기된다. 바이올린은 '깽깽' 피아노는 '뚱땅뚱땅' 장구는 '덩더꿍' 꽹과리는 '깨갱깽깽'이다. 악기와 비슷한 소리를 내는 물건들도 마찬가지다. 초인종은 '딩동딩동' 학교종은 '땡땡땡'이다.
　〈리듬악기 노래〉에서는 큰북이 '둥둥둥' 작은북이 '동동동' 트라이앵글이 '칭칭칭' 울리다 '쿵따리리 쿵따리리 쿵쿵쿵'으로 끝난다. '짝짝짝' 울리는 캐스터네츠나 '찰찰찰' 울리는 탬버린이 악기 축에 끼기 힘든 이유는 '이응' 소리가 없기

모든 음절에 같은 받침이 들어간
말들을 찾아보는 일도 재미있다.

때문이다. 여운이 길지 못하다는 말이다.

짐승소리도 마찬가지다. 고양이는 '야옹', 호랑이는 '어흥'이다. 작은 개는 '멍멍', 큰 개는 '컹컹', 사나운 개는 '으르릉', 소심한 개는 '깨갱'이다.

예전에 공전의 히트를 쳤던 광고 '따봉'도 이응 받침의 덕을 크게 본 경우다. 영어 소리놀이 중에도 '쉿쉿쉿' 소리가 이어지는 'She sells sea shells on the sea shore' 같은 것들이 있지만 '응응응' 소리로 무장한 '간장공장 공장장…'의 말맛에 한참 못 미치는 것도 '이응' 받침의 힘을 보여준다.

tvN 드라마 〈응답하라 1988〉에 '봉황당'이라는 시계방이 나온다. 내가 어디선가 보았던 도장집은 '영광당'이었다. '장충당'이라는 족발 체인점도 있다. '강동궁'은 우리나라 국가대표급 당구선수 이름이다. 세 음절 이상 되는 낱말들 중에서 이렇게 모두 이응 받침을 달고 있는 말들은 소리 내는 재미가 제법 쏠쏠하다.

서울엔 '평창동'
인천엔 '영종동'
울진엔 '망양정'
경남엔 '통영항'
동네 어귀 '성황당'
창덕궁 옆 '창경궁'

모든 음절에 '이응' 받침이 딸린
말들은 여운에서 오는 쾌감이 있다.

고려 수도 '평양성'

한가운데 '정중앙'
지방당 위 '중앙당'
권력의 요건 '정통성'
급성장엔 '성장통'
같은 학교 '동창생'

지하철의 '승강장'
자동차의 '상향등'
깜빡깜빡 '형광등'
벌레 막는 '방충방'
보신탕의 개명 '영양탕'
성냥 담는 '성냥통'
성냥 만드는 '공장장'

한여름의 '냉방중'
영화관은 '상영중'
방송국은 '방송중'
꿈속의 꿈 '몽중몽'
고요 속의 움직임 '정중동'

'명동성당'처럼 네 글자 연속 이응 받침이 들어간 말은 흔치 않은데, 서울의 '창동'이나 강원도 '강릉', 경북의 '영양'처럼 두 음절 모두 이응으로 끝나는 지역에 있는 성당이라면 모두 이 경우에 포함될 것이다. '성냥공장'이나 '성능향상'처럼 두 낱말을 합친 말들도 잘 찾아보면 꽤 있을 것이다. 헝가리 부다페스트에는 건국을 기념하는 '영웅광장'이 있다.

음절 반복을 통해 4음절 연속 이응 받침을 이룬 경우도 있는데, '정정당당'은 한 음절을, '퐁당퐁당'과 '꽁냥꽁냥'은 두 음절을 반복한 경우다. '정통중국요리'도 소리만 보았을 때 네 음절 연속 '이응' 소리를 달고 있다. 아래 사진에서처럼 다섯 글자가 이어지는 경우는 매우 드물다.

얼룩백이 황소가
해설피 금빛 게으른 울음을 우는 곳
정지용, 〈향수〉에서

우리말에는 동사가 자신의 자식뻘 되는 목적어를 거느리는 표현이 많다. 이른바 '동족목적어'라고 하는 것이다. 이런 표현들은 같은 소리가 겹치면서 저절로 운율을 품게 된다. 명사가 동사를 낳은 '품에 품다' '띠를 띠다' '신을 신다' 같은 희소한 예를 제외하면 위의 '울음을 운다'처럼 동사가 명사를 낳은 경우가 훨씬 많고, 일부는 형용사가 명사를 낳은 경우도 있다. 아래에 모아놓은 예들 중에는 목적어가 부사어로 바뀌어 표현된 경우도 있다.

'키를 키운다' '넓이를 넓힌다' '높이를 높인다'

'볶음을 볶는다' '무침을 무친다' '절임을 절인다' '부침개를 부친다' '누룽지를 눌린다'

'숨을 쉰다' '잠을 잔다' '꿈을 꾼다' '춤을 춘다' '뜀을 뛴다' '걸음을 걷는다' '웃음을 웃는다' '삶을 산다' '살림을 산다' '싸움을 싸운다'

'가래로 간다' '지게를 진다' '베개를 벤다' '덮개를 덮는다' '마개를 막는다' '받침을 받친다' '부채를 부친다' '지팡이를 짚는다' '열쇠로 연다' '자물쇠를 잠근다' '디딤돌을 딛는다'

'짐을 진다' '뜸을 뜬다' '셈을 센다' '빨래를 빤다' '빛을 비

춘다' '얼음을 얼린다' '먹이를 먹인다' '나머지를 남긴다'
'누비를 누빈다' '그림을 그린다' '무덤에 묻는다'

'동족주어'라는 것도 있는데, 이 경우에는 형용사 출신의 비율이 높다.

'밝기가 밝다' '길이가 길다' '넓이가 넓다' '크기가 크다' '높이가 높다' '두께가 두껍다' '무게가 무겁다'

'물이 묽다' '풀이 푸르다' '불이 붉다' '불이 밝다' '빛이 비친다' '빛이 빛난다' '얼음이 언다' '열매가 열린다'

설운 날에 선운사에… 지지지…

시와 소리

『시란 무엇인가』

말놀이는 인간의 언어행위 중에서 가장 진보적인 것의 하나다. 이러한 말놀이를 업으로 삼는 두 부류가 있으니, 하나는 개그맨이요 다른 하나는 시인이다. 시인들은 언어라는 산의 마루에 서 있는 사람들이다. 시인들이 들으면 낯간지러워하겠지만, 나는 '시인'을 줄여 '신'이라 부른다. 그들은 언어 세계의 신들이다.

말놀이가 추구하는 재미의 깊이가 더해질 때 말놀이는 시에 가까워진다. 말놀이가 진화해가는 길의 끝에는 시가 우뚝 서 있다. 시는 가장 세련된 형태의 말놀이다. 민음사에서 1995년에 출간된 유종호의 『시란 무엇인가』를 통해 시에 대해, 그리고 시와 말놀이의 관계에 대해, 또 시와 소리의 관계에 대해 생각해보기로 하자.

시는 왜 중요한가.

　동양에 있어서도 서양에 있어서도 시는 인문적 전통의 중심부에 자리잡고 있었다. 그리하여 오랫동안 인문교육의 대상이자 그 훈련의 방편이 되어왔다. (…) 공자어록에는 '시를 공부하지 않고는 말할 게 없다(不學詩면 無以言)'란 대목이 보인다. 시를 배움이 곧 말배움임을 뜻하면서 시가 말의 모든 것을 갖추고 있음을 시사하는 대목이다.

시와 언어의 관계, 그리고 시인과 언어의 관계는 어떠한가.

　19세기 영국의 매슈 아널드가 '시는 인간의 가장 완벽한 발언'이라고 말했을 때 그의 취지는 공자의 그것과 다르지 않다. 시를 알지 못하고서는 말을 안다고 할 수 없다는 것을 시사하고 있는 것이다. (…) 시는 언어의 정수이기 때문에, 시의 이해는 언어의 이해이며 나아가 언어동물의 이해이기도 하다. (…) 시를 읽는 것은 말과 글과 사람을 아는 길이다. 단 하나의 길은 아니지만 하나의 중요하고 매력적인 길인 것만은 분명하다. (…) 제1언어를 마스터하지 못한 시인을 우리는 상상할 수 없다. (…) (시인은)모국어 혹은 제1언어와 평생 고질로 사랑놀이를 계속하는 사람이다. 잘못 씌어진 제 글귀가 마음에 걸려 사흘 동안 잠을 설치는 사람이다.

시와 소리의 관계는 어떠한가.

언어가 그 자신을 의식하고 무엇보다도 자신의 성질에 주의를 당긴다. 그리하여 음상(音相)이나 구문에 유의토록 하고 언어 바깥에 있는 '현실'을 1차적으로 지칭 혹은 지시하지 않는 것이 언어의 시적 사용의 핵심이다.

언어학 용어로 하면 '기호'와 '대상'의 분리인데, 소리를 의미와 결별시켜 소리 자체로 인식하는 것에 대한 이야기다. 이어서 유종호는 '서정시는 소리와 뜻 사이의 망설임'이라는 어느 시인의 표현을 인용하고 있다. 그가 말하는 시는 '소리와 뜻, 음률성과 의미 사이의 조화로운 균형을 통해서 세상과 사람살이를 노래하는 일'이다.

언어에서 소리가 다르면 반드시 뭔가가 달라진다. 유종호는 '언어예술로서의 시나 문학 산문인 경우 형식의 차이는 의미의 차이를 빚는다. 형식의 차이가 의미의 차이로 드러나는 것이 문학언어의 특징이라고 할 수도 있다'고 하여 언어형식의 차이가 의미 차이를 빚는 것이 문학언어만의 특징인 것처럼 말하고 있지만, 사실 이것은 모든 언어행위에 다 해당하는 얘기다.

언어적 세목에 대한 고려나 음미 없이 시의 향수는 불가능하다. (…) 음악성을 지향하는 시편들은 음률적인 만큼 또

기억촉진적이다. (…) 서정시에서는 뜻 못지않게 소리가 중
요하다. 뜻과 소리와 깊이와 높이가 어울리는 것이 서정시
의 이상적인 상태다.

시의 내재율과 음률성을 매우 중시하는 그는 '소리와 뜻이 어
우러진 채 고전적 투명성을 띤 높이와 깊이 있는 시'를 이상
형으로 친다. 따라서 좋은 시란 번역 불가능한 것이고 번역을
통해서 잃어버리게 되는 것이야말로 시이며, 외국 시를 읽는
것은 원시를 읽는 것이 아니라 번역시를 읽고 있는 데 지나지
않는다고 말한다.

말의 뜻을 소리에 종속시키고 소리에 우위성을 부여하면
서 음악의 상태를 지향한 시운동이 '상징주의 운동'이다.
(…) 시의 언어에서는 기의 못지않게 아니 그 이상으로 기
표, 즉 기호표현이 각별한 주의를 끈다. 기의 이상으로 기표
에 주의가 집중되도록 배려된 것이 시언어의 특징이라 할
수도 있을 것이다. (…) 시는 기호표현의 기억을 요구하는
언어표현이라 할 수 있다. (…) 좋은 시는 기호내용보다도
기호표현의 에너지로 홀로서면서 우리의 주의력을 당긴다.

시와 말놀이의 관계에 대해 그는 말한다.

시에도 놀이의 성질이 짙게 배어 있다. 시가 주는 즐거움의

소홀치 않은 부분이 말놀이에 의존하고 있다. 이른바 펀 pun(다의어·동음이의어를 이용한 말장난-필자 주)의 이모저모는 말놀이의 중요한 국면이다. 그러나 거기서 그치지 않고 작품 전체가 글자넣기놀음이라고 할 수 있다. 적어도 시를 쓰는 입장에서는 그러하다. (…) 시에는 말놀이의 요소가 있게 마련이지만 그 최고의 경지는 고난도 경기나 순수 놀이의 그것 이상으로 우리를 황홀하게 하고 감동시킨다.

이 얘기와 관련해, 유종호가 '조국상실의 난경 속에서 겨레에게 바치는 가장 간결하면서도 절절한 겨레의 자화상'이자 '더 보탤 것도 뺄 것도 없는 완벽한 4행시'라 상찬한 시 한 편을 감상해보자.

흰 수건이 검은 머리를 두르고
흰 고무신이 거친 발에 걸리우다.

흰 저고리 치마가 슬픈 몸집을 가리고
흰 띠가 가는 허리를 질끈 동이다.

윤동주, 〈슬픈 족속〉

식민지배 아래의 쓰린 삶이라는 더없이 무거운 주제를 다루고 있는 이 시에서조차 첫소리의 반복이 도드라지고 있음을 주목하라.

꽃 사이 한 병 술을	花間一壺酒
친구 없이 따르다가	獨酌無相親
잔 들어 달 맞으니	擧酒邀明月
그림자랑 셋이 됐네	對影成三人

8세기 중국의 시인 이백이 남긴 작품이다(고 손종섭의 번역). 2행의 마지막이 '親', 4행의 마지막이 '人'이다. 글자의 모양새로 보면 서로 닮은 점이 전혀 없다, 하지만 소리가 '친'과 '인'으로, 초성만 다를 뿐 중성과 종성이 모두 같다. '성聲'이 다르고 '운韻'이 같은 것이다(성과 운을 다루는 학문이 성운학이다). 동양의 선인들은 이런 식으로 '운을 맞추어' 시를 짓고 놀았다(1200년 전 중국의 소리와 오늘날 우리의 소리가 어찌 같을 수 있느냐는 의문이 들 법도 한데, 우리식 한자음의 근간은 7~8세기 당나라 시대의 것이다). 예부터 운이나 율이 고르지 못한 서투른 시를 '악시惡詩'라 했다.

'운'은 '소리의 여운'이다. 운을 다룬 책이 '운서'다. 세종이 훈민정음 반포 이듬해에 신숙주를 비롯한 학자 9인에게 명해 짓도록 한 『동국정운』이 바로 이런 한자음들을 다룬 '운서'다(세종이 이 책의 최초 인쇄본을 받아들고 아들 문종과 딸 정의공주에게 한 권씩 건네주며 '아나, 운서다' 했던 것이 세계 최초의 '아나운서' 용례라는 설이 있다).

목젖을 울리면서 내는 소리가 유성음이다. 한시에서 유성음이 아니면 '운'이 되지 못하는 까닭은, 소리에 울림이 없기 때문이다. 현대 중국어의 말음에서 무성음이 사라지게 된 이유도 이와 무관하지 않을 것이다.

소리에 대한 정밀한 배려는 문학의 필수적 요소다. 소리를 정밀하게 배려한 결과, 넓은 의미의 말장난이 탄생한다. 말놀이, 언어유희다. 동서양의 모든 문학은 요즘 우리가 시라고 부르는 운문에서 탄생했고, 이 운문에서 말놀이는 필수불가결한 요소였다.

'운율'에서 '운'은 개별소리의 자질을 말하고 '율'은 연속된 소리가 만들어내는 리듬감을 말한다. 격식을 갖춘 율을 '율격'이라 한다. 현대어로 '외형률'이다. 율격이 비교적 자유로운 경우 '내재율'이라 하는 것도 근대적 표현이다.

스티븐 핑커는 『언어본능』에서 '유아들의 언어 습득 과정에서 가장 먼저 익히는 것이 운율법(멜로디, 강세, 타이밍)'이라고 말했다. 우리나라의 경북방언은 말에도 운율이 있음을 여실히 보여준다. '가가 가가가?'는 성조와 음률이 없으면 성립하지 못하는 말장난이다.

내 어린 시절에 또래들이 불렀던 놀이노래에서도 운율은 필수였다.

두껍아 두껍아

헌 집 줄게

새 집 다오

운문문학 중 길이가 가장 짧은 장르로 꼽히는 일본의 하이
쿠도 김소월의 7·5조를 연상케 하는 5·7·5 율격의 정형시
다. 게다가 동음이의어를 이용한 말장난이라는 요소까지 품
고 있다. 이렇게 소리와 운율이 중요하기에 하이쿠를 '읊는다
[詠む]'고 하는 것이다.

서양의 시에도 라임이 있다. 각운을 중시하는 서양 시의 전
통은 직계후손의 하나인 노랫말에 고스란히 전승되고 있다,
팝송 가사치고 라임 없는 것이 거의 없다. 아바의 〈댄싱 퀸
Dancing Queen〉 도입부를 보자.

You can dance, you can jive

having the time of your life

See that girl, watch that scene

dig in the Dancing Queen

노래의 제목에도 들어 있는 'queen'은 가사 전체를 통틀어
중핵이 되는 단어다. 도입부에서부터 이 단어와 운이 맞는
'scene'이 등장하고 있다. 다음 대목을 보자.

Friday night and the lights are low

Looking out for the place to go

그리고 곧바로,

Where they play the right music getting in the swing
You come in to look for a King

이렇게 이어지다,

Anybody could be that guy
Night is young and the music's high

그리고 계속해서,

You're in the mood for a dance
And when you get the chance

이윽고 노래 말미에 이르면 핵심 단어인 'queen'에 다시 한번
방점을 찍기 위해 운이 맞는 단어를 두 개 더 동원한다.

You are the Dancing Queen
young and sweet, only seventeen
Dancing Queen, feel the beat from the tambourine

민감한 독자라면 이미 눈치챘겠지만, 여기서 매우 흥미로운 사실을 하나 짚고 넘어가자. 바로 '퀸', '세븐틴', '탬버린'의 라임이 이백의 '친', '인'의 운과 정확히 맞아떨어지고 있다는 것.

시와 음악

시는 소리가 시간을 따라 흘러가며 만들어내는 질서 형식이라는 점에서 음악의 속성과 완벽히 일치한다. 시는 원래 노래였다. 그래서 시는 노래하듯이 소리 내어 읽어야 한다. 하이쿠도 '읊는다'고 했다. 예컨대 아래의 시를 눈으로 읽는 것과 노래하듯 읊는 것 사이에는 큰 차이가 있다.

봄, 봄에 본다
보이지 않는 봄바람 본다

봄, 봄에 본다
보이지 않는 봄기운 본다
최승호, 〈봄〉에서

시처럼 들리지 않는 노랫말은 뭇 입의 사랑을 받기 어렵고, 노래처럼 들리지 않는 시는 문학도들의 상찬을 받기 어렵다. '음유시인'은 몇몇 특별한 가수들에게만 붙는 별칭이 아니라 모든 가수의 이름 앞에 붙어야 하는 이름이다.

　선운사에 가신 적이 있나요
　바람 불어 설운 날에 말이에요

가슴 찢어지는 이별을 앞둔 순간을 노래하면서 가객 송창식은 '설운' 날에 '선운사'에 가본 적이 있느냐는 말장난을 하고 있다. 이런 언어의식은 시인들의 그것과 전혀 다를 바가 없다.

　질화로에 재가 식어지면
　비인 밭에 밤바람 소리 말을 달리고

이동원의 노래로 잘 알려진 정지용의 절창 〈향수〉(1927) 둘째 연의 첫 두 행이다. 첫 줄의 두 낱말이 'ㅈ' 소리로 시작한다. 다음 줄의 첫 세 낱말은 모두 'ㅂ' 소리가 이끈다. 셋째 연의 3, 4행은 어떤가.

　함부로 쏜 화살을 찾으려
　풀섶 이슬에 함추름 휘적시던 곳

초성으로 'ㅎ' 소리가 잇달아 등장하고 있다.
　마지막 연의 두 줄에서는 소리에 대한 시인의 배려가 한층 뚜렷하다.

> 서리 까마귀 우지짖고 지나가는
> 초라한 지붕

김혜림의 〈디디디〉(1992)를 연상케 하는 '지지지' 소리가 이어지고 있다. 아마도 정지용의 영향은 아니겠지만, 박진영의 〈When We Dico〉(2020)에는 '지지지'가 각운으로 바뀌어 있다.

> 밤이 새도 몰랐지
> 넌 지금 어디에 있는지
> 날 가끔은 생각은 하는지

운율과 음악

언어와 음악이 서로 통하는 점은, 유한한 소리를 이용해 무한한 것을 창조한다는 것이다. '음악'의 문자적 의미는 '소리 즐기기'다. 바꿔 말하면, 소리의 자질과 리듬을 따지는 것이 음악이다.

음악이 인간에게 미치는 효과는 즉각적이다. 인간이 음악에 민감한 것은 인간 심신체계의 파동적 본질이 '질서 있는 소리'에 반응하기 때문일지도 모른다. 특정한 주파수의 소리가 인체의 특정 차크라와 공명한다는 설명도 있다. '심금을 울린다'는 말은 누구나 마음속에 현악기가 있다는 말이고, 이 것이 공명을 일으키는 근원일지도 모른다. 이런 점에서는 음 악도 인간의 본능이다.

「창세기」가 천지창조의 원초적 힘으로 묘사한 '말씀', 즉 '로고스'는 '질서 있는 말'로 번역되기도 한다. 기찻길 옆 오막 살이에서 아기가 잠을 잘도 자는 이유는 기차 소리에 규칙성 이 있기 때문이다. 무질서한 소리는 소음이 된다. 규칙성 있 는 소리는 음악과 통하고, 따라서 아이에게 기차소리는 자장 가와 똑같은 작용을 할 수 있는 것이다. 규칙성은 쉬이 익숙 함을 낳고, 익숙함은 무료함으로 이어지기 십상이다. 심신이 동시에 무료하면 잠이 오게 되어 있다.

유종호도 지적했던 것처럼, 음악의 효과 가운데 하나는 기 억을 촉진한다는 점이다. 어릴 적에 즐겨 부르던 노래 가사는 그냥 외우려면 잘 기억이 안 나도 노래를 부르면 정확히 재현 된다. 구구단을 외울 때도 운율의 도움은 결정적이다. 12간 지를 '자축인묘 진사오미 신유술해'로 외울 때에도, 조선왕조 역대 임금을 '태정태세 문단세…'로 외울 때에도 마찬가지다. 인간의 청각적 기억 능력은 원래 엄청난 것이지만, 특히 음악 적 특징을 지닌 소리일 경우 그 능력은 극대화된다.

불자들이 〈반야심경〉을 막힘없이 외울 때도 음악적인 곡 조의 도움은 필수적이다. 학승의 불경 암기도, 이맘의 꾸란 암기도, 랍비의 토라 암기도, 소리꾼의 판소리 완창도 모두 음악적 특성을 지닌 일련의 소리를 기억함으로써 가능해진

다. 클래식 연주자가 수십 분에 이르는 대곡을 악보 없이 연
주해내는 것도 마찬가지다.

제4부

저지르고 보는 거야!

'말놀이 고수'로 가는 길

현자는 고향에서 대접을 받지 못한다

준비운동

'저지레'

사투리는 아니지만, 경북에서 자주 쓰이는 말 중에 '저지레' 라는 것이 있다. '저지르다'에서 온 명사로 보이는데, '말썽'이 나 전북 방언 '말질'(소리는 [말찔]) 정도에 해당하는 말이다. 그런데 주변의 타박이라는 부정적인 면이 두드러지는 '말썽' 과 '말질'에 비해 '저지레'는 조금 다른 어감을 풍긴다. 어떤 일 을 할까 말까 망설일 때 줄 수 있는 조언 중에 '저질러. 저지르 고 보는 거야.' 하는 말이 있다. 즉, '저지레'는 표면적인 부정성 뿐 아니라 그 이면에 긍정적인 적극성까지 깔고 있는 말이다.

말놀이꾼의 제1윤리는 '과감하게 저지르기'다. 어떤 소스 로부터든 귀에 들어온 소리를 입으로 되뇌다 보면 뭔가 떠 오르는 게 있다. '아리랑 쓰리랑'을 입안에서 굴리다 보면 어 느 순간 '알이랑 쏠이랑'으로 들리는 수가 있다. 그러면 '알'과

'쓸'이 사이좋게 뭔가를 하고 있는 장면이 떠오를 수 있다. '문을 달으세요'를 '문어 다 드세요'로 듣는다면 왁자한 잔칫집이나 회식자리가 떠오를 수도 있다.

마부는 말을 부린다. 사람은 말은 부린다. 사람 나고 말 났지, 말 나고 사람 나지 않았다. 모름지기 사람으로 태어났다면 말의 권위에 눌려 노예처럼 살 것이 아니라 말을 내 맘대로 주무르는 주인의 권능을 발휘하는 것이 마땅하다. 노련한 말놀이꾼들은 맞춤법 같은 규범에 얽매이지 않는다. 표준말과 방언도 차별하지 않는다. 이런 것들로부터 부러 이탈한다고 해서 경찰이 출동하는 일은 없다.

앞의 수많은 예에서 보았듯이, 세상에 주무르지 못할 말은 없다. 모든 말이 우리들의 놀잇감이다. 관건은 근없감(근거 없는 자신감)과 집요함이다. 일본의 '히라가나'는 최수종이 부인한테 '희라, 가나?' 하고 묻는 말이 될 수 있다. 일본인들의 수인사 '하지메마시떼'는 하지메라는 음식이 맛있다는 뜻으로 새길 수 있다. '융프라우'에서 북한 외교관이 칼 융더러 물을 푸라며 '융, 푸라우' 했다는 상상도 가능하다. '알리안츠' 같은 말은 만만찮은 상대처럼 보인다. 하지만 안 되는 건 없다. 조지 포먼이 링 위에서 무하마드 알리를 상대로 깐족거린다. '알리, 안 쳐?'

말놀이꾼에게는 근없낙(근거 없는 낙천주의)에 힘입은 꿋꿋함이 중요하다. 내 말장난이 남 듣기에 너무 유치하지 않을까 하는 염려는 유치원 시절에나 하는 생각이다. '아이디어'를

'어린 사슴'으로 푸는 감각을 딱히 유치하다 할 수는 없다. 스스로 유치하다는 느낌이 들더라도 굳건하게 밀고 나가는 것이 중요하다. 이것저것 꾸준하게 만들다 보면 '풍경이 있는 산사 풍경'같이 제법 괜찮은 게 얻어걸리는 수가 있다.

하늘이 말놀이꾼들에게 내린 사명의 하나는, 기존의 굳어진 낱말을 물렁물렁하게 만들어 생소한 낱말로 바꾸는 일이다. 아무리 해도 잘 주물러지지 않는 말이 있다면 삼행시 짓기로 방향을 틀어도 된다. 나의 '가이드' 삼행시처럼.

가

이

드러운 놈아

'아빠, 제발 그만!'

미국 워싱턴주립대학의 언어학자 낸시 벨 박사의 연구에 따르면, 처음 만난 사람이 썰렁한 농담을 하면 10명 중 4명은 웃어주는 반면, 직접적으로 투덜대는 사람은 0.5%에 불과했다. 하지만 같은 농담을 지인에게 했을 땐 들은 이 중 44%가 왕따를 시키거나 따가운 눈초리를 보냈고, 심하면 주먹질까지 하는 등 다소 공격적인 반응을 보인 것으로 나타났다. 연구를 진행한 벨 박사는 "인간관계를 중요시 여기는 사회에선 친구나 연인보다 처음 본 사람에게 관대하다"며 "썰렁한 유머는 처음 본 사람이 할 경우에만 대체로 중립적인 모습을 보인다"고 설명했다.

<세계일보>, 2016. 9. 3.

이 기사가 소개하고 있는 벨 박사의 연구결과는 나의 경험과 정확히 일치한다. 결론부터 말하면, 아재개그에 대한 반응은 친소관계와 관련이 깊다.

터키에서 가이드를 하고 있었을 때, 한 엄마가 딸 둘을 데리고 투어에 참가했다. 하나는 중학생, 하나는 초등생이었다. 나는 아이들을 보면 개그 본능이 가장 왕성하게 발동한다. 투어 내내 버스 안에서 멘트를 할 때마다 '아재개그'를 섞어 날렸는데, 그때마다 두 아이가 열화 같은 반응을 보였다. 나중에 그 엄마가 하는 말이, 나의 개그 스타일이 아이들 아빠의 그것과 너무도 흡사하다는 것이었다. 그리고 덧붙이기를, 이 아빠가 집에서 아이들한테 개그를 던질 때마다 질색하며 넌더리를 내던 아이들이 나의 개그에 열광하는 것을 보면서 매우 의아했단다. 당시 나는 그저 그런가 보다 하고 넘어갔었는데, 이제는 그 이유를 알 것 같다.

『시란 무엇인가』에서 유종호는 '너무 친숙하면 경멸을 낳는다'는 서양속담을 소개한다. 동양에는 '현자는 고향에서는 대접을 받지 못한다'는 말이 전해진다. 나의 경험으로 말하건대, 말놀이는 매우 친밀한 사이, 특히 가족구성원에게는 잘 먹히지 않는다. 아내들은 남편의 말장난을 무시한다. 아들, 딸은 아빠의 말장난을 부끄러워하기까지 한다. 조부나 조모도 함께 살면 조심해야 한다. 가까운 사람일수록 나의 '아재개그'를 썰렁해하는 경향이 있다. 왜 그럴까?

위 기사가 말해주고 있듯이, 아재개그가 가장 잘 먹히는 것은 던지는 이와 받는 이 사이에 어느 정도 거리가 있을 때다. 이것은 아재개그의 주요한 기능이 사람 사이의 정서적 거리를 가깝게 만드는 것임을 시사한다. 다시 말해, 가까운 사이에서 아재개그가 잘 먹히지 않는 것은 둘 사이가 너무 가깝기 때문이라는 것이다. 둘 사이가 더 가까워질 수 없을 정도로 가까운 경우라면 아재개그의 효능은 거의 기대하기 어렵다.

그런데 여기서 말놀이꾼들이 지나치기 쉬운 중요한 사실이 하나 있다. 자식들이 '아빠, 그만해!' '너무 썰렁해!' 하며 손사래를 치는 것 자체가 나의 아재개그에 대한 굉장한 반응이라는 점이다. 아재개그가 낳을 수 있는 가장 참담한 실패는 '무반응'이다. 이때의 무반응이 '무시'와 거의 동의어임을 생각할 때, 내용이 뭐든 명시적인 반응이 왔다는 것은 아재개그를 던진 나의 진정한 의도가 제대로 먹혀들었음을 의미한다. 즉 소통을 위한 노력'이 결실을 본 것이다. 그러니 진정한 말놀이꾼이라면 가까운 주변에서 아무리 핍박이 들어오더라도 절대 굴하지 말고 꿋꿋하게 밀고 나가야 한다. 가까운 이들의 비난에 기죽을 필요가 전혀 없다. 제발 좀 때려치우라고 읍소를 해도 절대로 흔들려선 안 된다. 그들의 비난과 읍소에 담긴 진짜 메시지는 '나는 너에게 관심과 애정이 많아!' 하는 고백이기 때문이다.

결론은 이렇다: 나의 개그 작품이 제대로 된 것인지 알려면 어느 정도 거리가 있는 사람들의 반응을 보아야 한다. 지나치게 가깝지 않아서 나를 조금은 어려워하는 사람들이 작품 실험대상으로 적격이다.

말놀이와 직관력

> (직관은) 경험적 자아의 순간적이나 총체적 반응(이다).
>
> 유종호, 『시란 무엇인가』에서

흔히 털빛이 흰 개를 '흰둥이'라 하고 검은 개를 '검둥이'라 부르는 것은 아마 집단창작의 소산일 것이다. 사물의 특징을 직설적으로 표현하는 일은 누구라도 쉽게 할 수 있다. 그러나 흰색과 검은색이 섞인 개에게 '바둑이'라는 이름을 붙인 것은 결이 좀 다르다. 우리말에는 흰색과 검은색을 동시에 표현하는 '희고검다'나 '희검다' 같은 말이 없다. 그러니 개한테 이름을 주긴 해야겠는데 어떤 것이 좋을까 궁리하다가 떠오른 것이 바둑의 흰 돌과 검은 돌이었을 것이다. 개와 바둑. 성질상 전혀 닮은 데가 전혀 없어 보이는 두 사물을 한데 엮어 생각하는 힘, 이런 것이 바로 직관력이다 '바둑이'는 필시 직관력이 남달랐던 어느 옛사람의 작품일 것이다.

말놀이는 무한대의 맥락 속에서 한 가지를 집어내는 일이다. 이 일을 하는 것이 우리의 직관이다. 인공지능의 연산속도가 아무리 빨라도 직관의 작동속도는 절대로 따라오지 못한다. 직관은 인간의 본능이다. 이 본능이 발현되는 데는 경험 축적이라는 조건이 필요하다. 언어적 직관은 풍부한 언어경험에서 나온다. 여기에는 소리언어 경험과 문자언어 경험이 다 들어간다. 말놀이의 바탕도 이 두 가지 언어경험이다. 풍부한 독서가 말놀이의 필요조건은 아니라 하더라도 좀더 자재로운 말놀이에 도움이 되는 것은 틀림없다. 그러나 독서를 통해 굳이 새 낱말이나 표현을 익히지 않아도 우리가 이미 수십 년간 체득해온 것만으로도 말놀이를 즐기는 데는 전혀 부족함이 없다. 관건은 신속한 편집능력인데, 이를 위해 가장 중요한 것이 꾸준한 연습이다.

유치? 그건 유치원생의 걱정!

말놀이 연습

'말놀이 고수'로 가는 길

당송팔대가의 한 사람인 구양수는 좋은 글을 쓰기 위한 세 가지로 '많이 읽기, 많이 쓰기, 많이 궁리하기'를 들었다. 좋은 말놀이꾼이 되는 방법도 다르지 않다. '읽기'와 '쓰기'에는 시간과 노력과 재료가 적잖이 들지만, '궁리하기'에는 그런 것이 거의 필요없다. 말놀이 연습에는 돈도 들지 않는다. 좋은 말놀이꾼이 되는 데 가장 중요한 것은 말에 대한 관심과 호기심이다. 중독환자처럼 늘 생각하고 궁리하는 습관이 중요하다. 이 닦을 때, 산책할 때, 운동할 때, 여행 중에, 대화할 때, 일상의 어느 순간이든 말놀이 연습의 시간이 되지 못할 때는 없다. 엘리베이터에서 '문이 닫힙니다' 하는 자동안내 방송을 '문이 다칩니다'로 바꿔 들어보라. '자동문'을 지나면서는 '자, 동문입니다' 하고 독백해보라.

운전을 한다고 해보자. 장거리 주행을 하다 보면 도로를 달리는 내내 이런저런 표지판이나 전광판을 마주치게 된다. '화물차사고급증'이라는 문구가 보인다. '화물차팔고급감'으로 바꿔본다. '사고다발구간'에서는 '꽃다발 사고 가는 구간'을 상상해본다. '램프 없는 램프구간'을 내려가 천안휴게소에서 호두과자를 한 봉지 사들고 '호두과자 먹고 호주 가자'는 이벤트 문안을 만들어본다. '인삼 냄새 풍기는 풍기'를 지나 '영주하고 싶은 영주'로 접어든다. 마침내 '나가는 곳'이 보이면 '나가는 곳'이니 당당하게 나간다.

같은 소리는 쌔고 쌨다. 소리가 같은 두 말을 찾는 건 너무나 쉽다. 문제는 두 말을 이어붙여서 어떤 맥락을 만들어내느냐다. '초대하다'와 '초대 대통령'을 골라냈으면 '2대 대통령 취임식에 초대받은 초대 대통령' 하는 식으로 말이 되도록 맥락을 만들어야 한다는 뜻이다. 그런 다음 표현을 매만져 재미나면서도 산뜻한 작품으로 다듬어낸다면 더욱 좋을 것이다.

내 경험으로 말하건대, 평소에 열심히 궁리해 만들어놓은 것들은 반드시 언젠가 써먹을 날이 온다. 머릿속으로만 상상했던 맥락이 불현듯 눈앞에 현실로 펼쳐질 때만큼 말놀이꾼에게 기쁜 순간은 없다(물론 듣는 이한테는 막 생각해낸 것처럼 보이는 게 중요하다).

앞에서 얘기했다. '권력형 아재개그'는 유죄다. 이것의 다른 이름인 '불편한 아재개그'도 당연히 유죄다. 하지만 '아재개그' 자체는 죄가 없다. '썰렁한 아재개그'도 죄는 없다. 단, 주변의 비난과 무시를 감내할 수 있어야 한다는 조건이 붙는다. 이런 것이 싫다면 아재개그를 따끈따끈한 것으로 만들어야 한다. 어떻게 하면 말장난을 뜨끈하게 데우느냐, 이것이 우리의 과제다.

뻔한 개그의 남발은 '재미없는 사람'으로 인식될 수 있기 때문에 삼가는 게 좋다.

모 신문사와 했던 인터뷰에서 모 대학의 모 교수가 이렇게 말한 적이 있다. 직함이 중요하긴 한가 보다. 나도 할 수 있는 얘긴데… 아무튼 틀린 데는 전혀 없는 말이다. 재미있는 사람으로 보이기 위해 던진 개그가 오히려 정반대의 효과를 낳는 경우가 심심찮게 있기 때문이다. 더구나 이런 개그를 허구헌 날 날리고 있다면….

말장난을 썰렁하게 만드는 가장 흔한 주범은 작정하고 달려드는 태도다. '지금부터 재미난 얘기 해주겠다' 하는 식으로 시작해서는 곤란하다. '아닌보살'이란 말이 있다. 말장난은 능청스럽게 해야지, 책이나 인터넷에서 주워 온 것을 앵무새처럼 반복하는 것은 살아 있는 예능을 죽은 다큐로 만드는 짓이다. 대화의 안주거리 삼아 어디서 죽은 맥락을 가져오는 순간 말놀이도 죽어버린다. 단순히 말장난만을 위한 아재개 그가 아니라 생생한 삶의 맥락 속에서 듣는이의 심장에 섬광처럼 날아가 비수처럼 꽂히는 것이어야 한다. 그러려면 말 속에 남의 것이 아닌 자신만의 기지와 통찰이 담겨야 한다.

성공적인 말장난에서 가장 중요한 것은 현장성이다. 앞에 나왔던 '화장실과 도서관의 공통점'을 예로 들어보자. 이 얘기는 워낙 작품성이 뛰어난지라 언제 어디서 누구한테 들려주어도 상대를 웃기는 데 실패하는 일은 없다. 그런데 7박 8일에 걸친 터키 투어 중에 내가 손님들에게 이 얘기를 들려주는 시점은 항상 정해져 있다. 고대도시 에페스에는 로마시대의 공중화장실 유적이 그대로 남아 있다. 여기를 구경하면서 설명을 다 마친 뒤, 바로 다음 코스인 켈수스 도서관으로 이동하려는 찰나, 잠깐 손님들을 멈춰 세우고 '이제 에페스의 상징인 도서관을 구경하러 갈 텐데, 화장실과 도서관의 공통점이 무엇인지 아시느냐'고 진지한 어조로 묻고서는 손님들이 고개를 갸웃거릴 때 바로 이 얘기를 풀어놓는 것이다. 이런 식으로 말장난이 '지금 이 순간'에 발을 딛고 있을 때 그 효과는 극대화한다.

아재개그가 제대로 먹혔는지는 상대의 반응으로 알 수 있다. 제대로 된 아재개그를 당한 사람은 곧바로 멍한 상태가 된다. 저도 모르게 피식 웃음을 흘릴 뿐, 뭐라 대꾸할 말을 찾지 못한다. 이런 수준까지 오르기 위해서는 꾸준히 내공을 쌓아야 하는데, 그 비법을 아래에 공개한다.

내공 쌓는 법

농구공 배구공
축구공 야구공 탁구공을
닥치는 대로 산다.
공에다 내 이름을 적어
방에 차곡차곡 쌓아둔다.

전자사전 활용법

말놀이를 하려면 우선 뭐라도 비슷한 점이 있는 말들을 모아 봐야 한다. 예를 들어 '괜찮다' '귀찮다' '편찮다' 정도의 낱말 덩어리는 누구나 쉽게 떠올릴 수 있다. 그런데 이 정도로는 성에 차지 않는다. 그렇다면 사전을 뒤적여봐야 하는데, 그 두꺼운 책을 언제 뒤지고 있을 것인가. 하지만 우리에게는 전 자사전이라는 게 있다. 그런데 이 전자사전을 어떻게 소문나 도록 써먹느냐가 문제다.

우선 '백설표'(*)를 친다. 그리고 그 뒤에 '찮다'를 입력한 다. '*찮다'를 처넣으라는 말이다. 그리고 검색 단추를 꾸욱 눌러주면… '하찮다' '변변찮다' '대단찮다' '시원찮다' '신통찮다' '마땅찮다' '칠칠찮다' '마뜩찮다' '만만찮다' '수월찮다' '여의찮다' '심상찮다' '당찮다' '가당찮다' '우연찮다' '심심찮다' '짭짤찮다' 등등이 마법처럼 쏟아져나온다. 반대로 앞소리가 같은 말들을 찾으려면 그 소리를 앞에 놓고 바로 이어서 백설표를 처넣으면 된다.

말놀이의 기본 3요령

1. 형식에 집중한다

말은 소리와 의미의 결합이다. 여기서 의미를 제거하고 소리만 남겨야 말장난이 가능해진다. 앞에서 숱한 예를 보았다. 활자화된 말일 경우에도 의미를 제거하고 글자라는 시각적 상징에만 주목해야 한다. 이를테면 '과일잼'에서 '과일을 잼'을 연상할 줄 알아야 한다는 말이다. 내용을 제거하고 형식만 남기는 것이 언어유희의 핵심이다.

2. 연상되는 것을 떠올린다

이 대목에서는 평소에 익혀둔 풍부한 어휘와 꾸준한 연습이 힘을 발휘한다. 소리가 유사한 것, 뜻이 상대되는 것, 그 밖에 어떤 식으로든 관계가 있는 말을 떠올리는 것이다. 말장난에서는 순발력이 생명인데, 이때 힘을 발휘하는 것이 우리의 직관이다.

3. 두 말을 최대한 가까이 붙인다

소리는 길게 흐를수록 기억에서 멀어진다. 출발어와 도착어 사이가 뜰수록 소리가 만들어내는 효과는 떨어지고, 심한 경우 아예 헛손질이 되는 수가 있다. 앞서 나왔던 '쌀 쌀 때' '마늘 많을 때'처럼 두 말이 최대한 가까이 붙을 수 있도록 표현을 매만지는 것이 좋다.

'수 놀이'에서 시작해보자

슬로베니아의 블레드 호수는 노희경 작가의 드라마 〈디어 마이 프렌즈〉에서 조인성이 휠체어에 앉은 모습으로 등장할 때마다 배경으로 나왔던 곳이다. 발칸반도 전체를 통틀어 손가락 안에 드는 관광지인 이 아름다운 호수를 겨울철에 찾아가면 백조들이 멀리 눈 덮인 알프스를 배경으로 유유히 헤엄치는 모습을 자주 보게 된다. 블레드 섬으로 건너가는 슬로베니아 전통 나룻배 플레트나에 올라앉아 뱃사공의 리듬감 있는 노질을 감상하다 수면으로 눈을 돌리면, 어느새 눈처럼 흰 백조들이 다가와 있는 것이다. 끊임없이 말을 해야 하는 가이드는 이럴 때 어떤 말을 뱉을 수 있을까.

"백조가 많네요. 백조, 이백조, 삼백조…."

한자어로 된 수를 갖고 노는 것은 가장 쉽게 도전해볼 수 있는 분야다. 예전에 전국의 이삿짐센터 전번은 다 '2424'였다. 배달회사들은 예외없이 '8282'였고, 내가 살던 일산 지역 콜택시는 '1382'였다. 아래의 말들에서 숫자를 연상해보는 것, 이런 데가 출발점이다.

일일이 따지지 마
일리 있는 얘기네
이이가 늦네
눈에 삼삼한 얼굴
사사로운 대화
오이장수의 오지랖
육개장 육수
칠칠치못한 놈
팔팔한 이팔청춘
구구한 변명

이런 말들을 머릿속에서 굴리다 보면 아래와 같은 발상들이 나올 수 있다.

일곱 배

일해?

칠해!

싸구려 수입품

이불짜리

이불

이상해

2반 교실의

일반쓰레기통

말 줄이기

삼계탕 12인분

삼십육계탕

듣는 이 없어도 아재는 즐겁다

혼자 즐기는 말놀이

'단타'에서 '연타'로

체계와 완결성을 갖춘 말놀이 작품을 만드는 일에는 창작의
즐거움이 보상으로 따른다. 남에게 들려주기 전에, 아니 굳이
누구한테 들려주지 않아도 나 혼자서 하나하나 만들어나가
는 재미가 제법 쏠쏠한 것이다.

야구에서 대량득점을 하기 위해서는 단타보다 연타가 훨씬
유리하다. 혼자서 느긋하게 말놀이를 즐길 수 있는 시간이 있
다면 단발보다는 연발을 노리는 것이 마땅하다. 소주 안주로
'매운탕 말고 안매운탕'을 먹었으면 맥주 안주로는 '마른안주
말고 젖은안주'를 먹어야 하지 않겠는가. '빨래 안 빨래?'에서
끝내지 말고 '걸레 안 걸래?'로 넘어가 보자. '세 시에 셋이' 만
났으면 '네 시에는 넷이' 만나야 하지 않겠는가. '글씨' '솜씨'

'맵시'에 '펩시'까지 이어붙여보자. '매주 빚는 메주'에서 '몇 주 만에 마시는 맥주'로 넘어가보자. '아리스토텔레스'가 '아랫도리 털 났어'라면, '소크라테스'는 '소쿠리 탔어'고 탈레스는 '탈 났어'다. '숟가락' '젓가락'에서 멈추지 말고 '손가락' '발가락'을 거쳐 '머리카락' '국숫가락' '노랫가락'으로 넘어가보자. '김 산 김샌 김샘'처럼, 낱말이 둘에서 그치지 않고 셋이 되고 넷이 되면 재미는 더해진다.

대중소 1

대나무는 길고

소나무는 푸른데

중나무는 없다

대중소 2

대머리는 유전

중머리는 선택

소머리는 음식

화장품 CF

지성적인

지성의

지성 피부

장소 불문

화장장

화장실에서

화장하는 여자

시위 현장

대치동

대치중 앞에서

대치 중

'칼국수'의 본령

KAL 기내에서 제공하는

칼칼한 국수

요식행위

부처께 예불하는

관계부처 장관 부처

우리 식구

아빠는 에고, 다리야

엄마는 에고, 머리야

할매는 에고, 허리야

할배는 어이구, 삭신이야

한석봉 자서전

나를

엄마가 낳아요.

병마를 이겨내고

엄마가 나아요.

떡 써는 솜씨도

엄마가 나아요.

소원

달래가

달래가 먹고 싶어

달래를

달래

이모작

이모작을 묘사한

이 모작은

이모 작품

재고조사

비대한 엉덩이로

비데를 깔고 앉아,

"비데 하나가 비데!"

이제 낱말의 수를 더 늘려보자.

뭘까
바람이 부는 바람에
바람맞은
바람둥이의
진정한 바람

배
배 탔다
배가 고파
배를
배로 먹어
배부른
배화여대
배교수

아래는 머리말에 나왔던 '잣이오, 갓이오'를 변형한 것이다.

호객행위
옷이오! 어서들 오시오!
잣이오! 와서들 자시오!
갓이오! 보고들 가시오!

붓이오! 너무 고와 눈이 부시오!

낱말 하나가 아니라 관련어들의 묶음을 출발어로 삼는다면
말놀이의 긴장감이 한층 높아지면서 그만큼 성취감도 커질
것이다.

한해 일기

설날은 나 홀로 설 날

삼일절에 사흘 절

석탄일이니 연탄 들여

광복절에 5광 터져

개천절에 찾은 개천가 사찰

한가위에 가위눌려

성탄일엔 성에 화재

동지에 만난 옛 동지

내년 하지엔 뭘 하지?

오방색

노래하는 아이 얼굴이 노래

빨개벗은 아이 몸뚱이가 빨개

파래 따는 할매 입술이 파래
하야하는 대통령 얼굴이 하얘
까메오로 나온 감독 얼굴이 까매

이름놀이

쇼팽의 쇼핑
바흐의 배후
슈바이처의 바우처
비틀거리는 비틀즈
피카추 사촌 피카소
시인 오바마, '오, 밤아!'
입맛이 쓰디쓴 에디슨
매가 더 필요한 맥아더
막걸리 걸친 맥컬리 컬킨
베토벤 발톱엔 배트맨 무늬
카잔차키스의 가장 첫 키스
도스토옙스키의 토스트와 예쁜 스키
안드레아 보첼리는 안 들여야 보첼 리 없어
크리스티나 아길레라, 그리스서 태어난 아길 길러라

아래는 유학儒學과 사서삼경으로 장난쳐본 것이다.

　유학생을 위한 유학

나눔 연구 주자학

사서 삼경까지 읽는 사서삼경

논에서 읽는 논어

맹한 자식을 위한 맹자

매우 중요한 중용

대학에서 안 가르치는 대학

시경 도서관의 시경

석이 형의 서경

역경 돌파엔 역경

내친김에 제자백가까지 들쑤셔보자. 앞에서 '맹자'는 책이었지만 여기서는 사람이다.

공짜 강의 공자

맹장 터진 맹자

영자 동생 순자

여비 떨어진 노자

둘째아들 장자

먹성 좋은 묵자

키가 열 자 열자

한비자는 노비자

'주의자' 시리즈도 있다.

명상에 빠진 인도주의자

행사 전문 사회주의자

갑론을박 회의주의자

잔칫집 단골 국수주의자

내 딸 민주야! 민주주의자

잠을 자유! 충남의 자유주의자

하자보수를 해! 보수주의자

반전 없는 드라마는 가라! 반전주의자

정부情婦·情夫 없이 살련다! 무정부주의자

지상으로 가련다! 나무꾼이 그리워 선계에서 하강한 연애
지상주의자

벅스라이프

팔이 굵은 파리

목이 아픈 모기

귀 뚫은 귀뚜라미

가슴 쓰린 쓰르라미

바퀴 안 달린 바퀴벌레

잠자리가 불편한 잠자리

지네들끼리 노는 지네

나비의 항공 내비

나방의 불시 내방

하루살이의 셋방살이

축 당선! 벼룩 시장

바다학교 교무실

포상 담당 상어

구어 담당 문어

농담 전문 농어

가오잡는 가오리

칼같이 갈치는 갈치

아귀 안 맞는 아귀

중등 담당 고등어

연수 중인 임연수

명퇴 앞둔 명태

고래 교장의 고래등 같은 집

바다학교 교실

만년 꼴찌 꽁치

재치 넘치는 쥐치

영남 출신 대구

오매 징한 거! 해남 출신 오징어

집이 멍께! 지각 전문 멍게

간 큰 놀래미

지성적인 감성돔

며칠째 결석 중인 멸치

두 다리 멀쩡한 도다리

매사에 공격적인 방어

얼굴이 파리한 해파리

납치 모면한 넙치

조기유학파 조기

나 미국 간다! 도미

공부로 밤새우고 성적 땜에 밤새 우는 새우

바다학교 운동장

꼴뚜기의 널뛰기

속이 거북한 거북

바닷가재, 학교 끝나고 바다 가재!

가자미, 바다 가자며?

날치, 좀 날지?

숭어, 숨어!

우럭이 울어!

소라가 부르는 '솔아 솔아 푸르는 솔아'

여느 때와 같은 연어 떼

모든 게 새삼스러운 해삼

동물농장

십리길 달려온 오리

곰곰이 생각하는 곰

수제비 먹는 암제비

태도가 표변한 표범

가슴 뛰는 사슴

의기양양한 양

이리 오너라 업고 놀자

늑대는 왜 늑대?

개소리하지 마!

말 같지 않은 소리!

돼지, 그러면 안 되지!

멧돼지, 맞을 매가 몇 대지?

고양이, 고향이 어디?

꺼억, 용트림

토끼, 얼른 토껴!

침팬지의 침 바른 편지

원성이 자자한 원숭이

두루 미워하는 두루미

너구리여, 과연 너구려!

노새들아, 노세 노세 젊어서 노세

낱말의 수가 아니라 쌍을 늘려가는 방법도 있다. 앞엣것이 직렬이라면 이것은 병렬이다. 예를 들어 '아리랑고개'와 '고개를 든다'에서 '고개'라는 공통인자를 찾았다. 그래서 이런 걸 만든다.

고개를 들어
고개를 바라본다

여기서 조금 더 생각을 해본다. 두 '고개' 사이의 공통점은 소리뿐일까? 둘이 공유할 수 있는 속성은 없을까? 그래서 한 가지가 덧붙는다.

고개를 높이 들어
높은 고개를 바라본다

'아이폰'에서 '어른폰'을 떠올렸다면 한걸음 더 나아가 '아이템'에서 '어른템'을 떠올릴 수 있다. '발전소'와 '발전하다'의 공집합에 한 가지를 더해주면 '나날이 발전하는 매일발전소' 같은 것이 나온다.

끼니

고기 고기 있고

조기 조기 있으니

요기 와서 요기해라

시인의 철야

한시에 읽는 한시

두시에 읽는 두시杜詩

세시에 읽는 새 시

네시에 쓰는 내 시

단식과 복식

단식투쟁 중인

단식 선수

복식호흡 중인

복식 선수

프로골퍼

백프로 우승확률 백 프로

백프로 웃을 확률 백 프로

'우리 아인 슈타인, 아인슈타인은 타인' 하는 식으로 한 낱말
을 이중으로 주무를 수도 있다. 하지만 낱말을 이루는 음절

이 많아야 한다는 요건 때문에 놀잇감 찾기가 쉽지는 않다.

'간장공장' 시리즈

겹 쌓기를 발전시켜 아예 소리만으로 노는 '간장공장 공장장' 계통으로 갈 수도 있다. 이를테면 '백숙 먹고 배 쑥 나온 백수' 같은 것이다. 아래는 내가 『언 다르고 어 다르다』의 머리말에 썼던 문장이다.

천성이 부정직하고 행실 부정한 여자가 부정확한 일처리와 부정행위로 해고당해 현실을 부정하고자 하는 불안정한 마음에 무당을 찾아갔다 부정 탔다는 말을 듣고 부정맥 증상이 생겼다

이런 문장을 만들어 놓고서 소리 내 중얼거려 보면 의외로 재미가 쏠쏠하다.

침 묻힌 무침 먹고 미친 년이 묻힌 아침

쉰밥 앞에서 쉼 없이 한숨 쉬는 쉰 살 먹은 쉬파리

걸게 차린 음식 먹고 입이 귀에 걸려 걸어가는 걸인의 입

이 걸어

가지나무 가지에 달린 가지가지 가지를 따가지고 어디로
가지고 가지?

게슴츠레 눈을 뜨고 굼뜨게 뜸을 뜨다 누렇게 뜬 환자에게
뜨거운 물을 먹이느라 자리를 뜨지 못하는 뜨내기 의사

먼지 풀풀 나는 풀밭에서 풀타임으로 풀칠을 해도 입에
풀칠하기 어렵다가 풀장 딸린 풀옵션 빌라를 장만한 팔자
풀린 풀쟁이

지리한 전쟁에서 지고 피로 얼룩진 짐을 지게에 지고 그늘
진 얼굴로 해 진 땅을 지나고 큰물 진 강을 지나 집으로
가는 진나라 지관

기름 친 차를 몰다 치어리더를 치고서 자기도 죽은 셈 치
자며 치자물 들인 치마를 입고 치를 떨며 시골로 치달려
천막 치고 소를 치는, 치즈와 치킨을 좋아하는 치아 없는
치매 노인

이제 여러 가지 말놀이를 한데 모아 짧은 줄거리가 있는 이야기를 만들어보자. 개그맨들이 아이디어회의 때 모여서 하는 일이 바로 이런 것이다. 이런 유의 말놀이 중에, 오래전부터 항간에 떠돌던 것으로 방언에 대한 예리한 시각까지 담은 작품이 있다.

'국수'와 '국시'의 차이는?
'국수'는 '밀가루'로 만들고, '국시'는 '밀가리'로 만든다.
'밀가루'와 '밀가리'의 차이는?
'밀가루'는 '가게 아주머니'가 '봉지'에 담아 주고, '밀가리'는 '점빵 아지매'가 '봉다리'에 담아 준다.
'봉지'와 '봉다리'의 차이는?
'봉지'는 '종이'나 '비닐'로 만들고, '봉다리'는 '종우'나 '비니루'로 만든다.

나도 이런 식의 말놀이를 좋아한다.

새들의 삶
새들은
늘 새집에 살면서
매일 새똥을 싸고

항상 새 삶을 살며 노래한다

'새 신을 신고 뛰어보자 팔짝'

열왕기

옛날에 임금 받는 임금은 없었고

붕어빵 잘못 먹고 붕어한 임금도 없었다.

왕답지 않은 왕은 왕왕 있었다.

용한 어의를 불러

용안을 보이곤 하는

조용한 왕도 있었다.

"밖에 어의 없느냐?"

"퇴청했나이다!"

"어이가 없군."

백제 멸망기

파발 당도, "이 장계를 전하께 전하라!"

의자왕, 의자를 박차며, "짐의 짐이 심히 무겁구나."

화급한 출전 장수 임명, "장수하세요."

이어지는 당부, "고구려를 무찌르고 오구려."

황산벌에서는 계백장군이 '백제'를 외치며 결사항전 중,

"배 째!"

그리곤 머쓱해져, "이크, 신라 왕이 아실라."

시는 탐나는 말 특히 그 기표를 두고 시인이 벌이는 사랑놀이이기도 하다. (…) 서정시는 탐나는 말이나 이미지를 출발점으로 해서 발전하고 부연된 측면이 강하다.

유종호, 「시란 무엇인가」에서

유종호의 말은 말놀이에도 똑같이 적용할 수 있다. 말놀이꾼들에게는 어떤 말이 예뻐서, 왠지 마음에 들어서 그 말로 놀고 싶은 심정이 될 때가 있는 법이다. '아기자기' '옹기종기' 같은 의태어도 예쁘고, '능금' '보름' '그믐' '여울' '이슬' 같은 토박이말들은 물론 '방울토마토' 같은 내외 합작 단어도 사랑스럽다. 이런 말들 중에서 '냉큼' '이름' '미더덕' '벼루'를 골라보았다.

냉큼

'IMF를 이기자!'
냉큼 낸 금

이름

이름 짓기에
너무 이름

미더덕

'으드득'

진한 바닷내

미더덕의

미덕

벼루

벼르고

벼르다

산

벼루

아재개그가 돈 벌어주네

네이밍과 카피

'안녕하시렵니까?'

말놀이는 발상을 전환하는 일이고, 그럼으로써 고정관념을 파괴하는 작업이다. 고정관념을 파괴하지 못하면 말놀이는 성립하지 않는다. 신동엽의 신조어 '안녕하시렵니까'를 전국민의 유행어로 만들어준 것은 형용사를 동사로 활용해버리는 엉뚱함이었다.

네이밍을 위한 발상법 중에 '묻어가기'가 있다. 10여 년 전 서울 망원동에 조그만 출판사를 꾸렸을 때, 근처 '서울가스' 건너편에 술집이 하나 있었다. 그런데 그 가게의 이름이 '서울가스앞집'이었다. 이토록 유쾌한 발상이 또 있을까. 아래 사진의 한복집 상호도 묻어가기의 일종인데, 고개가 숙여질 정도의 과감함이 느껴진다.

'SBS SPORTS'를 'SBSSPORTS'로 이어붙인 다음 중복되는 소리를 하나로 표기한 '스브스포츠'도 멋진 발상의 전환을 보여준다. 예전에 'SSG'를 '쓱'이라 했던 광고가 있었는데, 여기서 힌트를 얻었는지도 모르겠다.

몇 년 전에 지인 하나가 목포에 '동네산책'이라는 책방을 냈다. 시 쓰는 후배가 같은 지역에 시집 전문 책방을 내려고 이름을 고민했었는데, '시집살이'와 '시건방'이 최종 후보였다.

'에'와 '애'의 희미한 변별성에 착안해 중의적 표현을 만들어낸 네이밍 사례도 많다.

'이디야 커피' 2층의 '어디야 한복'. 바늘끝만큼 비틀었는데 엄청난 사태가 벌어졌다. 발상은 묻어가자는 것이겠지만 결과는 깔고 앉아버린 격이 되었다. 말놀이의 위력을 보여주는 걸작 네이밍이다.

네이밍에서 중의성은 필수에 가까운 요소다. 참고로, 개신교인들이 '이삭'이라 읽는 이 간판의 로마자 표기는 '아이작 뉴턴'의 '아이작'과 같다.

서울에 있는 액세서리 가게 '더더익선'은 '다다익선'의 '익益'이 '더욱'임에 착안해 '더더'로 비튼 것도 기발하지만 그 위치가 '익선동' 한복판이라는 점에서 감탄스러울 정도의 네이밍 감각을 보여준다.

'절벽에서 밀면'

중의성을 이용한 네이밍은 가장 흔하게 볼 수 있는 방식이다. 시도가 용이하기 때문이다. '고려기획' 광고에 등장한 개그맨 김준호는 '고려를 고려하라'고 외쳤었다. 주문배달 서비스 회사 '배달의 민족'도 중의성을 이용한 히트작이다.

　내 첫 책의 제목은 『국어실력이 밥 먹여준다』다. 그런데 표지에서 '국'자와 '밥'자를 큰 글씨로 써넣어서 '국밥'으로 읽히도록 했다. 출판기획사를 만들었을 때는 이름을 '글노리'라 했다. 말과 글이 짝이 되니 '말놀이'가 있다면 '글놀이'도 있지 싶었고, '영광'을 뜻하는 영단어 '글로리glory'와 소리가 겹친다는 점도 고려했다.

'잘된장'은 내가 만든 된장 브랜드다. 아직 사용하는 데가 없으니 원하는 독자는 연락주기 바란다(앞서 소개했던 벗의 작품 '진정한 사과' 역시 아직 사용자가 없는 브랜드명이다).

봉화에 '샤론스톤'이라는 석재 가게가 있다. 이 배우의 이름을 기억하는 이라면 웃음이 절로 나올 수밖에 없을 것이고, 그만큼 기억촉진력이 강한 상호가 아닐 수 없다.

"또 가게 가게?" 하고 장난을 치곤 했던 내가 영주 무섬마을에 갔다가 마주친 간판. 마치 내가 만든 이름인 것 같다는 착각에 빠진 기억이 있다.

'오란다'는 네덜란드의 영어식 이름인 '홀란드'의 일본식 발음이다. 이 나라에서 들어온 양과자라 해서 일본인들이 '오란다'라 불렀던 것이 그대로 흘러 들어왔는데, 이것을 우리말과 이어붙인 위트가 돋보인다.

서울 성북동에 있는 퓨전 일식집. 근래 본 것 중에 가장 인상적인 네이밍의 하나다.

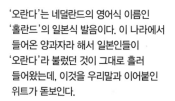

몇 해 전 대학 동기들과 함께 부산에 놀러 갔다가 오랜만에 밀면을 먹은 적이 있다. 한창 맛있게 먹다가, 밀면 전문점에 쓰면 괜찮을 것 같은 이름이 떠올랐다.

'절벽에서 밀면'

실제로 바닷가 절벽 위에 이런 이름을 단 밀면집이 들어선 다면 대박은 따놓은 당상일 것이다.

남성용 니플 밴드, 즉 젖꼭지 가리개다. 나로서는 세상에 이런 물건이 있다는 사실 자체도 놀라웠지만, '살짝 비틀기'를 이용한 네이밍의 기발함에 두고두고 감탄했던 기억이 있다.

제주도의 감귤 브랜드. '불로장생'을 살짝 비튼 재치가 돋보인다.

수원의 막창 전문점. '막장드라마'를 비틀어 '막창'과 연결한 수작이다.

여러 해 전 〈한겨레〉가 밀란 쿤데라의 소설『참을 수 없는 존재의 가벼움』에 대해 전면 특집기사를 실은 적이 있다. 그런데 기사 말미쯤에서 오타가 나, 소설 제목이 '참을 수 없는 존재의 가려움'이 되고 말았다. 단지 자음 하나가 바뀌었을 뿐인데 그 결과는 실로 엄청난 것이었다.

광고업계에는 '1퍼센트만 바꿔도 새로워진다'는 말이 있다. 널리 알려진 것을 살짝 비트는 기교는 네이밍의 일반적인 방법의 하나로서 대부분 효과도 강력하다. 주의할 것은, 너무 비틀면 아예 낯선 것이 되어버릴 수 있다는 점이다.

대학 시절 일부 선배들이 '명품'에 대한 반감의 표시로 흰 고무신 옆구리에다 유성펜으로 나이키 갈쿠리를 그려넣어 신고 다니며 '사이비 나이키'다 해서 '싸이키'라 자랑했던 모습이 지금도 기억에 생생하다. 당시 나에게는 '싸이키'라는 말 비틀기가 눈이 번쩍 뜨이는 충격으로 다가왔었다.

'박이부정博而不精'이란 말이 있다. '널리 알지만 정밀하지는 못하다'는 뜻으로, 독서에서 정독의 중요성을 강조하는 말이다. 출판사 이름 중에 '박이정'이 있다. 예전에 이 출판사 이름을 처음 보고서는 박씨, 이씨, 정씨, 셋이 만든 출판사인가 하고 가볍게 생각했었다. 서양에는 '메르세데스-벤츠'나 '롤스-로이스'처럼 창업자 이름으로 사명을 삼은 경우가 많지 않은

서울 대학로에 있는 매운 음식 전문점. '대'를 '데'로 살짝 비틀어 '해운대'와 연결한 솜씨가 에사롭지 않다.

고속도로 휴게소에 있는 이 게임방은 운전의 주적이 졸음이라는 점에 착안한 것도 훌륭하지만 '쉼터'를 '깸터'로 비튼 솜씨도 멋지다.

가. 여러 해가 지난 뒤에 어느 책을 읽다가 '박이부정'이란 말을 발견하고 나서야 '박이정'이 여기서 한 글자를 뺀 것임을 알고 무릎을 쳤다. '박이정博而精'이라 하면 '널리 알면서도 정밀하다'는 뜻이 되고 독서로 치면 다독과 정독을 아울러 이르는 표현이 되니, 뜻으로만 보면 출판사 이름으로 최상이 아닌가.

지긋지긋했던 도시 아파트 생활을 버리고 경북 봉화로 귀촌한 지 이태가 지났다. 봉화에 처음 내려와 얻은 빈집을 혼자서 쉬엄쉬엄 수리하는 데 두 달이 넘게 걸렸다. 거실로 쓰이던 공간을 채우고 있던 낡은 물건들을 모조리 들어내고 천장과 벽을 새로 칠하다가, 혼자 사는데 이렇게 넓은 거실은 필요없겠다는 생각이 들었다. 그래서 이 공간은 외부인들에게 개방하자 마음먹고 '나래빠'를 본떠 붙인 이름이 '쓰래빠'였다. 입장하기 전에 현관에 비치한 '쓰레빠'를 신어야 한다는 점에 착안한 '살짝 비틀기' 네이밍이었다.

나의 근작 『언 다르고 어 다르다』는 '아 다르고 어 다르다'는 속담을 살짝 비튼 것이다.

'정상회담'을 비튼 JTBC의 '비정상회담'은 매우 신선한 네이밍이다. SBS의 예능 프로그램 〈미운 우리 새끼〉는 안데르센의 유명 동화 「미운 오리 새끼」를 살짝 비튼 작명인데, 말놀이의 힘을 여실히 보여준 수작이다. '에로'를 살짝 비튼 〈애로부부〉도 재미난 네이밍이고, '전지적 작가 시점'을 비튼 〈전지적 참견 시점〉도 노력을 사줄 만하다.

소리를 배려하라

인명이든 상호든 브랜드명이든, 모든 이름에서 소리는 때로 의미를 넘어설 정도로 중요한 요소가 된다.

앞에 나왔던 '경성빵공장'은 소리에 대한 배려가 돋보이는 네이밍이다. 여행사 노랑풍선의 광고카피 '나랑 노랑'은 운율까지 맞춘 어감이 재미

네이밍에서 소리가 주는 재미는 매우 중요하다.

나다. 이와 비슷한 '너랑 나랑 노랑'은 시인 오은의 책명에도 쓰였고, 산이와 매드클라운의 콜라보 앨범 이름에도 쓰였다.

1999년 MBC 드라마 〈국희〉는 전국민적인 인기 속에 '국희 땅콩샌드'까지 낳는 기염을 토했다. 그런데 이왕 만들 거 '국희쿠키'까지 만들었으면 하는 아쉬움이 있다.

'버글버글'은 여러 해 전 미국에서 보았던 한인 호프집 상호다. 중요한 것은, 이 술집이 버클리대학교 바로 앞에 자리잡고 있었다는 사실이다. 지명과의 연계, 장사하는 집으로서 의미

목포 구시가지에 있는 독립서점 '고흐의 책방' 앞에 세워놓은 간판. 실제로 바로 옆에 유명한 빵집이 있다. 앞의 '복떡방'과 마찬가지로 글자와 소리의 불일치를 이용한 경우다.

봉화의 한 카페에서 발견한 이 카피는 언제 보아도 사랑스럽다.

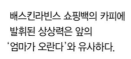

배스킨라빈스 쇼핑백의 카피에
발휘된 상상력은 앞의
'엄마가 오란다'와 유사하다.

중의성을 활용한
이 카피는 예쁘기까지 하다.

의 바람직함, 소리 자체에서 오는 재미 등을 두루 갖춘 걸작
네이밍이었다.

이 책을 한창 쓰고 있을 때 아들놈이 던져준 힌트 덕에 만들
어낸 육회 전문점 상호가 있다.
'유쾌한 육회'

글자와 소리의 불일치를 무시하고 소리에만 초점을 맞춘 네
이밍 방식도 간간이 볼 수 있다. 서울 인사동에 '복떡방'이라
는 떡집이 있는데, '복덕방'을 소리 나는 대로 적은 재치가 돋
보인다. 이와 똑같은 발상으로 내가 만든 빵집 이름이 '사랑

방'을 변용한 '사랑빵'이다.

소리에 대한 배려는 방어적인 전략에서도 매우 중요하다. 현대의 'SONATA'는 된소리를 인정하지 않는 외래어표기법상 '소나타'로 적어야 하지만, 이럴 경우 '소나 타'가 될 소지가 있다 해서 '쏘나타'로 갔다는 유명한 얘기가 있다. 한국인들이 '4층'을 기피하는 이유도, '18'을 부러 '열여덟'으로 읽는 것도 다 소리가 줄 수 있는 부정적인 어감 때문이다.

'맛있다고 소문날 집'

기존 언어를 파괴해 새로운 의미를 창조해내는 작업이라는 점에서, 카피 쓰는 요령도 네이밍의 그것과 다를 바가 전혀 없다.

경북 영주의 한 중국음식점 간판에는 'KBS MBC 맛있다고 소문날 집'이라는 문구가 대문짝만하게 적혀 있다. 발상의 전환은 언제나 필요하다.

아래의 두 가지는 내가 '실버'라는 말을 가지고 만들어본 것이다.

은세공 전문 실버기업

실버들 늘어진 강가
실버들을 위한 주거단지

왜? 아!

말놀이에서 말공부로

'놀이'와 '공부' 사이

> 좋은 시 읽기는 우리말 공부를 위한 첩경이요 왕도이기까
> 지 하다. 모든 나라의 시가 다 그렇다. 어휘 면에서나 낱말
> 의 적정한 구사에서나 우리말의 우리말다움이 가장 잘 드
> 러나는 것이 시다. 말과 글에 대한 문리(文理)를 트게 하는
> 것이 시다.
>
> 유종호, 「시란 무엇인가」에서

요컨대 시 읽기가 말공부의 첩경이라는 말이다. 말놀이도 말
공부의 첩경이 될 자격이 충분하다. 말놀이의 끝에는 말공부
가 있다. 말놀이가 말공부로 이어질 수 없는 것이었다면 나는
이 책을 쓰지 않았을 것이다.

사실 말놀이와 말공부의 경계는 모호하다. 말놀이를 하다

보면 저절로 말공부가 되는 측면이 있기 때문이다. 역으로, 말공부를 하다가 말놀이에 빠지게 되는 수도 많다. 그런데 만약 공부를 재미삼아 하게 된다면 말놀이와 말공부의 차이는 아예 사라지게 된다.

말놀이는 어떻게 말공부로 이어질 수 있는가. 예를 들어 '현수교'와 '현수막'이 비슷해 '현수교에 걸린 현수막'이라는 표현을 떠올렸다. 그런데 뒤늦게 두 '현수'가 원래부터 똑같은 말이었음을 알게 되었다….

왜냐고 묻기

말놀이에서 말공부로 넘어가는 지점은 '왜냐고 묻기'다. 나는 '공부'를 '왜아'로 푼다. 모든 공부는 '왜?' 하고 묻고 '아!' 하고 깨닫는 과정의 연속이다. '학문學問'의 문자적 의미는 '배우고 묻기'다. 배우기만 하는 것은 학습이지 학문이 아니다. 스승의 존재감이 컸던 동아시아의 선인들은 '배우기'를 앞에 놓았지만, 사실 학문이란 배운 다음에 묻는 것이 아니라 먼저 물은 다음에 배우는 것이다. 물음이 없으면 진정한 배움은 없다. 사람은 궁금하지 않은 것에 대해서는 궁리하지 않는 법이다. 소크라테스가 산파술로 제자들을 가르친 것도 이 점을 똑똑히 알고 있었기 때문일 것이다.

말놀이와 말공부의 공통점은 말에 대한 집요한 관심이다.

어떤 말도 범상히 대하지 않고 소리, 느낌, 의미, 유래, 관련어 등을 따지고 드는 것이다. 둘의 차이는 예능과 다큐의 차이에 견줄 수 있다. 하지만 다큐 같은 예능이나 예능 같은 다큐도 있을 수 있지 않은가.

단어해체와 말공부

말놀이 중에서 말공부에 가장 가까이 가 있는 것이 단어해체, 즉 낱말 쪼개기다.

앞에서 '된장'이 '된 장'임을 보았다. 이렇게 해체를 해놓고 보면 '되다' ↔ '질다'라는 대립쌍이 보이고, '된장'의 상대어로서 '진장'이 나오게 된다.

'봉지와 봉다리' 얘기도 나왔었다. 봉지를 종이나 비닐로 만든다고 했다. 봉지? 혹시 '지'가 종이 아닌가? 사전을 찾아본다. 역시, 종이로 만들어 봉하는 것이라 '봉지'다. 그렇다면 '봉투'는 뭔가? 찾아본다. 이것도 종이로 만든다고 나온다. 물건을 봉하고 덮는다는 뜻이다. 그런데 가만히 보니 '투套'가 '외투'에도 들어 있고 '상투적'에도 들어 있지 않은가!

나는 말공부 책인 『언 다르고 어 다르다』에서 '낯익다'를 쪼갰었다. 이 말을 '낯'과 '익다'로 쪼개는 순간 '낯설다'라는 상대어가 보이고, 이어서 '눈에 익다' '눈에 설다' '귀에 익다' '귀에 설다' 같은 낱말 쌍을 지나 '손에 익다'나 '몸에 익다' 같은 관련 표현들이 눈에 들어오게 되는 것이다.

앞에서 '욕실'을 '욕하는 방'으로 비틀었었다. '욕실'은 '목욕하는 방'이다. 나는 '목욕하고 머리 감는 사람은 바보다' 하는 생각을 한 적이 있다. '목沐'이 '머리를 감다'이고 '욕浴'이 '몸을 씻다'이니 '목욕' 안에 이미 머리 감는 일과 몸 씻는 일이 다 들어 있기 때문이다. 이와 똑같은 관점에서, '치과에서는 어금니를 뽑으면 안 된다'는 생각도 했었다. 앞니와 송곳니가 '치齒'고 어금니가 '아牙'니, 모든 이를 다 치료해 주려면 '치아과'라야 하지 않느냐는 논리다.

이러한 낱말 쪼개기는 '하천' '제왕' '군주' 같은 낱말들로 대상을 넓혀갈 수 있고, 사회, 법률, 형벌 등으로 확장해 갈 수 있다. '법'과 '률'은 어떻게 다른지, '형'과 '벌'은 어디가 다른지를 캐들어 가는 것이다. 그 끝에는 동서와 고금을 넘나드는 인문학적 상상력이 자리잡고 있다.

언어 넘나들기

일세를 풍미했던 스페인의 대중가수 '훌리오 이글레시아스'의 앞이름 '훌리오'는 '율리우스 카이사르'에 든 '율리우스'의 후손이고, 뒷이름 '이글레시아스'는 '교회'를 뜻하는 그리스어 '에클레시아'의 자손이다.

이탈리아 르네상스의 기수 '미켈란젤로Michelangelo'의 이름을 분해하면 '마이클Michel'과 '안젤로Angelo'가 된다. '마이클'은 언어권에 따라 '미셸' '미첼' '미하일' '마카엘' 등으로 변신한다. 결국 '미켈란젤로'는 '대천사 미카엘'인 것이다. '앤젤angel' 즉 천사는 영적인 존재라 어디든지 오갈 수 있다. 그래서 '안젤리나' '안젤리카' '앙헬레스' 등등의 이름에도 발현하고, '로스앤젤레스Los Angels' 같은 지명에도 등장한다.

품사 '부사'의 '부副'를 자전은 '버금, 다음, 도움, 돕다, 보좌하다, 곁따르다, 옆에서 시중들다'로 풀이하고 있다. '부통령' '부회장' '부교수' '부심' 등에 들어 있고 '부수입' '부작용' 따위에도 들어 있는 의미소다. '부사'는 영어로 'adverb'다. 정확히 말하면 'adverb'를 옮긴 말이 '부사'다. 'verb'가 동사이고 'ad'가 덧붙음을 뜻하는 접두사이니 'adverb'는 '동사에 덧붙는 말'이 된다. 동사에 덧붙어서 의미를 구체화해주는 말이 곧 부사라는 말이다.

나의 이메일 아이디는 'panoptes'다. 고대 그리스의 신 헤르메스의 별칭을 가져온 것인데, 'pan' 'opt' 'es'로 쪼개진다. 'pan'은 '다 포함하는, 전체와 관련된'이라는 뜻으로 영단어 '팬데믹pandamic' '팬암Pan Am' '판테온pantheon' 등에 들어 있다. 'opt'는 '보다'라는 뜻에서 시각, 시력, 광학과 관련된 용법으로 쓰이는데, 안경점에 붙어 있는 '옵티컬optical'이 여기서 온 말이다. 'es'는 '탈레스Thales' '헤라클레스Heracles' '아리스토텔레스Aristteles' 같은 남성의 이름 뒤에 붙는 접미사다. 결국 'panoptes'는 '모든 것을 보는 자'라는 뜻이 된다.

'가슴이 아프다'는 말이 있다. 영어로는 'heart-break'다. 토니 브랙스턴의 〈Un-break My Heart〉는 '내 가슴을 찢지 말라'고 절규하는 노래다. 우리도 '가슴이 찢어진다'는 표현이 있다. 가슴은 곧 마음이다. '하트 모양'은 심장의 생김새를 단순화한 것이다. '마음 심心' 역시 심장의 모습을 본떠 생겨난 글자다. 동이나 서나 사람의 알맹이인 마음이 심장 속에 있다는 통찰은 공통적이다.

'어원'을 찾아서

'배고프다'라는 말이 어디서 왔을까 한동안 궁금해한 적이 있었다. 곰곰이 생각하다가, 반대인 '배부르다'에서 출발해보자고 생각했다. 배가 부르면 배가 불룩해진다. 그렇다면 배가 고플 때는 반대가 되어야 하는 것 아닌가. 볼록렌즈의 반대가 오목렌즈다. 배가 오목하게 안으로 들어간 모양을 상상하니 '굽다'라는 말이 떠올랐다. 배가 안으로 굽어 들어간 모양, 이것이 배가 고픈 것 아닌가. 이어서 '손이 곱다'라는 말이 떠올랐다. 예뻐서 '고운 손'이 아니라 추위에 '곱은 손' 말이다. 사람의 몸은 추위를 느끼면 체온 손실을 줄이기 위해 저절로 안으로 오그라들게 되어 있다. 손가락도 안으로 굽어든다. 손가락이 오목하게 굽은 모양, 이것이 '손이 곱다'의 뿌리로구나! 이를 깨닫는 순간 '배가 고프다'는 저절로 해결되었다. '배가 곱다'에서 온 말임이 틀림없어 보였기 때문이다. 이리하여 '배고프다'의 문자적 의미가 '배가 오목하다'임을 알게 되었고, 더불어 이 말이 '배가 불룩하다'는 의미의 '배부르다'와 온전한 대칭을 이루고 있음도 깨닫게 되었다.

『언 다르고 어 다르다』에서 나는 우리가 많이 쓰는 '우리'라는 말이 '울타리'의 '울', 즉 '우리'에서 왔을 것이라는 생각을 피력한 바 있다. 이 대목을 쓸 때 '우리가 남이가?' 하는 유명한 영화 대사가 떠올랐었다. '우리'와 '남'이 서로 대립하는 말임을 웅변하는 듯한 표현이었기 때문이다. '남'은 어디서 온 말일까 하는 의문은 책이 나온 뒤에야 생겼다. 여러 사전을 뒤져봐도 어원에 대한 설명은 나와 있지 않았다. 그런데 봉화에 내려온 지 몇 달 되지 않았을 때 동네사람 하나가 '남'을 자꾸 '넘'이라 하는 것이 귀에 들어왔다. '넘'을 사전에서 찾아보니 '남'의 방언으로 경상, 전라, 강원 등지에서 쓰는 말이라 되어 있었다. 이 정도 분포면 반도 남쪽의 절반이 쓴다 해도 지나치지 않다. 이어서 머릿속에 떠오른 것은 '넘'이 '넘다'의 어간이라는 점이었다. '넘다'는 활용형인 '넘어'가

'너머'라는 명사 겸 부사로 굳어질 만큼 쓰임새가 많은 말이다. 이로써 마침내 가설을 세워볼 수 있게 되었다. 우리(울타리) 안에 있는 것은 '우리'이고, 우리 너머에 있는 것은 '넘', 즉 '남'이다….

지금 말놀이에 대해 쓰고 있지만, '놀이'만큼 사람의 마음을 빼앗는 것도 없다. 바둑을 비유하는 옛말에 '신선놀음에 도끼자루 썩는 줄 모른다'는 말도 있지 않은가. 놀이 못지않게 사람 마음을 빼앗는 게 '노름'이다. 지금은 드문 광경이 되었지만 예전에는 상가에서 밤을 꼬박 새워 화투판을 벌이던 조문객들의 모습을 쉬 볼 수 있었다. 요즘도 농한기에 동네 모처에 둘러앉아 심심풀이 카드판을 벌이는 농꾼들이 있다. 사람 마음을 빼앗는 것 중에 '노래'도 있다. 특히 여럿이 즐겁게 놀 때 노래가 곁들여지면 즐거움은 최고조에 이른다. 세상에서 가장 즐거운 일이 노래 부르며 노는 일일 것이다. 영단어 'play'에서도 놀이와 음악이 만나고 있다. '말놀이'는 'wordplay'이고, '피아노 치기'는 'play piano'다. '놀이' '노름' '노래'…. '놀다'에서 나온 것들은 다 사람을 즐겁게 한다. 즐거움도 보통 즐거움이 아니라, 시간을 잊게 할 정도의 즐거움이다. 모름지기 사람은 놀고 볼 일이다.

앞에서 본 것처럼, 말공부는 꼬리에 꼬리를 물고 이어지는 속성이 있다. '호흡'이라는 말이 있다. 토박이말로 '숨'이라 뭉뚱그리지만, 잘 들여다보면 '호呼'는 날숨이요 '흡吸'은 들숨이다 (신기하게도 '호' 하면 숨이 나가고 '흡' 하면 숨이 멈춘다). '숨'을 '쉰다'고 한다. 앞에 나왔던 동족목적어의 일종이다. 즉, '쉬다'에서 '숨'이 나왔다는 말이다. '쉼'은 곧 '휴식'이다. 그런데 '휴식休息'의 '식息'이 곧 '숨'이다. '휴休'도 '쉼'이다. 사람이 나무 밑에 앉아 쉬는 모습을 나타낸 글자다. 영단어 'break'의 이미지 상통한다. 나무 밑에 앉아 쉬는 사람의 호흡은 느리고 깊을 것이다. 느리고 깊게 숨 쉬는 것, 이것이 진짜로 '쉬는' 것이다.

'그림'도 '그리다'를 거느릴 때 동족목적어가 된다. '그리다'를 거느리는 것은 '그림'만이 아니다. 글씨도 예쁘게 쓰지 못할 때 '그린다'고 한다. 그런데 신기하게도 '그리다'의 어간 '그리'가 '글'을 쏙 빼닮아서, '글을 그리다' 해도 마치 동족목적어처럼 느껴진다. '글 서書'와 '그림 화畵'가 서로 닮은 것은 우연이 아니다. 앞엣것은 손으로 붓을 잡고 뭔가를 쓰는 모습이고, 뒤엣것은 손으로 붓을 잡고 무언가를 그리는 모습이다. 결국 '글 서'와 '그림 화'는 이중으로 닮은 모습을 하고 있는 셈이다. '그립다'도 '그리다'와 소리가 비슷하다. '그리움'이 되면 '그림'과 한층 더 닮은 모습이 된다. '그림'과 '그리움'은 한

족속일지도 모른다. 다만 종이에 그리느냐 마음속에 그리느냐가 다를 뿐.

'말 그물' 그리기

어원을 찾든 단어를 해체하든, 모든 말공부가 주는 재미 가운데 하나는 종국에 가서 말과 관념의 네트워크를 발견하게 된다는 점이다.

'가죽' '거죽' '거짓'은 모두 '겉'에서 나온 말들이다. (…) '겉'은 '속'과 짝을 이루는 말이다. '겉'과 '속'의 관계는 '껍데기'와 '알맹이'의 관계와 같다. (…) 껍데기 안에는 알맹이가 들어 있어야 하고, 겉은 속으로 들어차야 한다. 속이 들어찬 것이 '참'이고, 속이 들어차지 않고 '겉'이나 '거죽'이나 '가죽'만 있는 것은 모두 '거짓'이다.
'차다'의 명사형인 '참'은 '거짓'의 반대가 되기 전에 '비다'의 명사형인 '빔'의 반대였다. '참'과 '빔'을 대비시킨 '허실'이나 '허허실실' 같은 표현도 그렇고, '겉은 허술한 듯 보이나 속은 들어찼다'는 '외허내실'이라는 말도 '참'과 '빔'의 대비를 보여준다.

『언 다르고 어 다르다』에서 '참'과 '거짓'의 어원을 알아보기 위해 속-겉, 알맹이-껍데기, 차다-비다 등 짝이 되는 낱말 세 쌍을 놓고 각 낱말들 사이의 관계를 따져본 내용이다. 이 과정에서 나는 '가죽' '거죽' '거짓'이 모두 한 뿌리에서 나왔으며 '참말'의 반대편에 '거짓말'뿐 아니라 '빈말'도 있음을 깨닫게 되었다. 우리가 '낱말'이라고 부르는 것들이 이름과 달리 '낱'으로 흩어져 있지 않고 사실은 서로 긴밀하게 이어져 있음을 보여주는 예다. 같은 책에 실린 아래 내용에서도 비슷한 과정이 진행된다.

'들다'가 '먹다'의 점잖은 표현이 되고 '잡수다'가 '먹다'의 높임말이 된 내력과 관련한 필자의 추측은 이렇다. 동물들은 먹잇감에 주둥이를 갖다 대고 먹는다. 직립보행으로 진화한 인류는 손을 써서 음식물을 '들고' 먹게 되었고, 문명이 생겨난 뒤에는 음식물을 그릇이나 잔에 담아서 '들고' 먹거나 마시게 되었다. 오래전부터 세계적으로 희귀한 금속제 식도구를 발달시켜온 이 땅의 선인들은 숟가락과 젓가락을 '잡고' 음식을 먹었다. '드세요' 앞에는 '찻잔'이나 '술잔' 같은 목적어가, '잡수세요(잡으세요)' 앞에는 '수저'라는 목적어가 생략되어 있다. '먹는 일'은 모든 동물에 해당하지만, '도구를 써서 먹는 일'는 인간의 전유물이다.

이 내용을 도해해보자.

들다 → 드시다

⁞

먹다

⁞

잡다 → 잡수시다

이 작은 '말 그물'에 딸린 낱말들이 또 다른 낱말들과 이런저런 관계로 얽히고설킨 모양새를 계속 그려나간다면 그물의 크기는 얼마든지 늘어날 수 있다.

끝으로 좀더 큰 말그물의 예를 들어본다. '밀'은 영어로 '휘트wheat'다. 그런데 밀을 빻는 방아가 '밀mill'이다. 물레방아는 '워터밀watermill', 바람방아는 '윈드밀windmill'이고, 방앗간집 아저씨는 '미스터 밀러Miller'다. 밀을 통째로 간 것이 '휘트밀wheatmeal'이고, 밀에 기댄 한 끼니가 '밀meal'이다.

밀과 더불어 서양의 3대 곡류에 들어가는 것이 귀리와 보리다. 그런데 영어로 '오트밀oatmeal'이라 하는 귀리에도 '밀'이 들어 있다. 보리는 영어로 '발리barley'다. 'ㅂ' 소리와 'ㄹ' 소리가 우리말과 겹친다.

밀·보리·귀리를 대상으로 인류가 최초로 농경을 시작한 곳이 메소포타미아 지역이다. 옛 그리스어로 '메소meso'가 '사이', '포탐potam'이 '강', '이아ia'가 '땅'이니 '강 사이의 땅'이라는 뜻이다. 티그리스와 유프라테스 두 물줄기 사이, 비옥한

초승달지대의 북쪽 끝자락, 오늘날의 터키 동부와 이라크 북부 고원지대에서 인류는 처음으로 농사를 짓기 시작했다. 이 농경법이 유라시아 대륙을 타고 동서로 전파되면서 말도 따라 퍼져나갔을 것이다.

한편 '이아ia'는 지중해를 중심으로 동쪽 끝의 '조지아'와 서쪽 끝의 '에스파냐', 그리고 둘 사이에 '루마니아' '오스트리아' '불가리아' '알바니아' '세르비아' '크로아티아' 등의 유럽 국가들을 낳고 서아시아의 '사우디아라비아'와 '시리아', 아프리카의 '리비아'와 '나이지리아' 같은 후손들을 끼친 뒤, 여세를 몰아 일본열도를 거쳐 한반도에 상륙해 '롯데리아'를 탄생시켰다.

영어·독일어·네덜란드어 등을 쓰는 중북부 유럽으로 올라가면 '땅'은 '랜드·란트'가 된다. '잉글랜드' '스코틀랜드' '도이칠란트' '네덜란드(홀란드)' 등.

서아시아를 지나 우리와 가까운 중앙아시아로 오면 '스탄' 7개국이 나온다. '카자흐스탄' '파키스탄' '아프가니스탄' '우즈베키스탄' '키르기즈스탄' '투르크메니스탄' '타지키스탄'. 여기서 '스탄'은 '땅'을 뜻한다.

훈민정음 창제 이후 18세기에 이르기까지 '땅'의 한글 표기는 '짱'이었다. 'ㅅ'과 'ㄷ'이 모음의 개입 없이 연이어지는 소리를 표기하기 위해 초성에 두 자음을 병서했던 것이다. 오늘날 같으면 '스땅'이라 적을 수 있을 것이다.

'스탄'도 '스땅'도 다 '땅'이다. 기원전 1세기에 흉노족, 기원

후 8세기에 돌궐족, 12세기에 몽골족 등, 뿌리가 한민족과 멀지 않은 세 민족이 중앙아시아를 휩쓸고 지나갔었다. 이런 땅에 우리말과 뿌리를 같이하는 말의 흔적이 남아 있는 것은 더없이 자연스러운 일이다.

말은 실재의 반영이다. 말그물은 실재의 구조를 반영한다. 꼬리에 꼬리를 물고 이어지며 끝없이 퍼져나가는 말그물은 이 세상이 하나의 거대한 네트워크로 이어져 있음을 보여준다.

즐거움은 절대선이다

여러 해 전, 나의 투어를 도와주던 크로아티아의 여성 가이드가 아침 첫 담배를 피우며 '디스 이즈 모닝 버닝'이라고 했던 순간을 나는 지금도 잊지 못한다. 저녁 약속에 조금 늦을 것 같다며 '먼저 들고 계세요' 하고 톡을 날리면서 '무거우면 잠시 내려놓으시구요'라고 덧붙인 후배의 능청이 나는 더없이 사랑스럽다.

말놀이의 본질은 남을 웃기는 게 아니라 내가 웃는 것이다. '혼자 웃기'는 실성한 사람의 전유물이 아니다. 세상의 모든 말놀이꾼들은 남을 웃기기 전에 혼자서 먼저 웃는다. 사람들이 남을 웃기고자 하는 것은 결국 스스로 웃기 위함일지도 모른다. 남의 몸을 씻기는 손은 저절로 깨끗해진다. 남을 웃게 하는 사람은 스스로도 웃게 된다.

말놀이는 나와 남을 동시에 즐겁게 한다. 웃음은 '긍정적 자기확인'의 발로다. 두 글자로 줄이면 '행복'이다. 인생의 정체, 본질, 목적이 뭔지는 누구라도 알기 어렵지만, 웃음 넘치는 일상이 행복한 삶에 도움이 된다는 사실만큼은 틀림없다.

말놀이가 공부나 업무에서 더 높은 성취에 도움이 된다는 사실도 중요하다. 그러나 우리에게 더 중요한 것은 유쾌하게 사는 일이다. '코로나 바이러스가 코로 나와, 입으로 나와?' 하는 말장난은 자칫 암울해질 수 있는 시절을 경쾌하게 넘기는 데 힘을 보탤 수 있다. '상황이 전반적으로 안 좋아.' 하고 한탄하는 벗에게 '후반전에는 좋아지겠지.' 하고 건네는 말은 우울함을 웃음으로 변형시키는 최상의 위로가 될 수 있다.

나 하늘로 돌아가리라
아름다운 이 세상 소풍 끝내는 날
가서, 아름다웠더라고 말하리라

고 천상병 선생은 〈귀천〉에서 이렇게 노래했다. 지금 이 순간에도 지구촌 방방곡곡에서 가열차게 활약 중인 말놀이꾼들의 입에서도 비슷한 노래가 흘러나오고 있다.

나 하늘로 돌아가리라
아름다운 이 세상 놀이 끝내는 날
가서, 즐거웠더라고 말하리라